高级经理人精萃读物
项保华·决策三部曲

活着

企业战略决策精髓

项保华◎著

LIVING

企业管理出版社
ENTERPRISE MANAGEMENT PUBLISHING HOUSE

图书在版编目（CIP）数据

活着：企业战略决策精髓：升级版 / 项保华著. — 北京：企业管理出版社，2022.4

ISBN 978-7-5164-2585-5

Ⅰ. ①活… Ⅱ. ①项… Ⅲ. ①企业战略—战略管理 Ⅳ. ①F272.1

中国版本图书馆 CIP 数据核字(2022)第 045393 号

书　　名：活着：企业战略决策精髓（升级版）
书　　号：ISBN 978-7-5164-2585-5
作　　者：项保华
责任编辑：尤　颖　徐金凤
出版发行：企业管理出版社
经　　销：新华书店
地　　址：北京市海淀区紫竹院南路 17 号　邮编：100048
网　　址：http://www.emph.cn　电子信箱：emph001@163.com
电　　话：编辑部（010）68701638　发行部（010）68701816
印　　刷：河北宝昌佳彩印刷有限公司
版　　次：2022 年 4 月第 1 版
印　　次：2022 年 4 月第 1 次印刷
开　　本：880mm×1230mm　1/32
印　　张：8.375 印张
字　　数：160 千字
定　　价：59.00 元

目 录

目 录

目　录

目 录

引子

——活着才是硬道理

俗话说，世上除死无大事。《孙子兵法》开篇提到，“兵者，国之大事也。死生之地，存亡之道，不可不察也。”作为生命有机体，企业及其决策者所经历的就是时间上不可逆的“活着”过程，其面临的挑战就是如何做出关乎企业生死存亡的战略决策。

对生命有机体来说，活着，活下去，既是外化过程，更是内嵌目标，人类甚至还有着追求不死的梦想。所以，德鲁克认为，企业的首要责任是活着。华为的任正非指出，“我们的使命就是活着”。马云曾在演讲中专门谈到“阿里巴巴为什么能活着”的问题。

企业等社会组织甚至个人的活着，其生存、发展、兴盛乃至衰亡，作为过程，若从终点回望始点，展现的就是一条路径，或波澜壮阔，或平淡无奇；若从始点出发，则路途多分岔节点，需适时判断选择，最终绘就的就是有机组织或个人不可逆转的前行历程。

对于分岔节点的判断选择，汇成系列的取舍决策，无论结局成败得失，战略均会随时间画卷展开。有时似精心设计而成，有时像歪打正着巧合，没有统一模式。战略动态演化，非一成不变，因为企业运行的内外要素都在变，常超出人们的认知，难以预见。

时间，意味着变数、变异、变态，颠覆了静止、稳定、恒久，新常态就是乱局、无常、复杂、模糊的程度提升与过程加剧。对于变化带来的不对称后果，既有“馅饼”也有“陷阱”，如何理性应对，趋利避害？如何辨乱处变，活出精彩？需行思与涵养的修炼。

面对吉凶变幻，更需守底线的防患修炼，不贪图眼前一时便利或局部一地得益。这有如安全驾车的训练，变道要先打转向灯。若不打转向灯成积习，则在必须打转向灯的紧急情况下，可能会因为习惯性的疏忽而忘了及时打转向灯，从而引发严重的交通事故。

引子　活着才是硬道理

要想让企业活着、活好、活久，首先要让企业做到不死。有创投者发现，只要所投的项目，最终能存活，就会有回报。从竞争的角度看，“短胜不如长胜，长胜不如永胜。”企业若能做到持续地活着，或许就能等到同行自毁败落，结果真的“剩者为王”了。

活着，现实操作之难在于，许多事情或做法，从局部、短期看，似乎能助活，而从整体、长期看，却容易致死。有时放弃甚至牺牲一些局部、短期的利益，可为长期生存提供更多的冗余储备，创造或找到更大的发展空间，而使整个组织能够活得更经久稳健。

这种战略行思涵养的修炼，就如驾车练到即使无意识操作也能安全，从而达到对“馅饼”开放、对“陷阱”免疫的程度，绝不致于危及组织的生存。如何洞察系统整体、长期乱局，经受住时间及变化的考验？这是各类组织的战略决策所面临的最大挑战。

从防患的角度看，需注意“君子不立于危墙之下”。如何识别“危墙”？界定“危”的程度？需逆向思维。例如，整个经济上行，泡沫到处泛滥，此时表面上赚钱机会多多，真似“台风来了，啥都会飞”。只是一旦经济掉头下行，市场萎缩，情况又将如何？

有人说，用自己的钱赚钱不算本事，用别人的钱赚钱才算本事，有钱可借而不借是傻瓜，借了钱还想还的就更是傻瓜。这种想法，不关心所投资项目能否真创造价值，有如击鼓传花，就怕鼓声停止，更类似各类“庞氏骗局”，当接盘侠不再出现，就多见亏损者。

例如，互联网投资狂潮中，受上市变现欲望驱动，许多创投项目，经历多期融资，不问价值创造，盲目推高估值，直至成功上市，把公司卖给了股市上的普罗大众，结果永远都不知道，那些最终持有股票的人，如何盈利，怎么退出，如此空余一地鸡毛。

活着才是硬道理。做到企业活着/不死，需弄清四个问题，这就是：怎么才能活？为啥有回报？有钱怎么办？永续凭什么？从哲思、业务、公司、动态四个维度提出的这些问题，若能明确回答，就可给出企业活着，也就是生存、发展、持续的战略对策。

为此，本书分四篇，聚焦企业战略决策的方法与能力修炼，围绕企业“活着，生存、发展、持续”的战略主旨，通过解剖“怎么才能活？为啥有回报？有钱怎么办？永续凭什么？”四个问题，给出“哲思、业务、公司、动态”四个维度的互补行动对策。

第一篇哲思战略，聚焦战略决策技能素质修炼，学会抓关键求突破，守底线防失控。通过这种修炼，提升活着、活好、活久的行思与健康、安全、不死的涵养水平，形成良好的战略决策习性，以期做到即使出于感性本能反应，也能符合长期理性要求。

本书接着的三篇，在行思与涵养修炼指导下展开。第二篇业务战略，聚焦市场切入，专注与创新，以站稳脚跟；第三篇公司战略，探讨赚到钱后，面对多种选择，进取与知止，求发展稳健；第四篇动态战略，关注波动变乱，敏变与反脆，以期经营久远。

第一篇

哲思战略
——思维、行动指南

主旨：活着

问题：怎么才能活

对策：关键与底线

本篇哲思战略，提供的是一个进行战略哲思修炼的方法，试图通过理性行思与心身涵养的修炼，调整某些不利于长期整体持续生存发展的本能反应。显然，这种修炼如任何新技能养成，至少需要经过临界水平时间投入的历练强化，才可能积淀为习性。

习性，关乎做事习惯与为人品性，渐修养成，就可内化于心，外化于行，即使出于本能快速响应，也能契合冷静理性要求。以下所讨论的，就是用于指导这种习性养成的战略决策理论核心：战略影响要素及行动对策、“疑思解”行思循环与心身涵养的修炼等。

导语
——不忘初心论战略

活着与不死

活着，从正命题的角度看，可以问：怎么才能活？也就是做啥必活，或更易活？缺啥必不活，或很难活？从反命题的角度看，就是“死亡”，可以问：怎么才会死？也就是做啥必死，或更易死？缺啥必不死，或不易死？从而弄清“怎么才不死”！

从“怎么才能活”出发，可帮助厘清战略影响之关键要素，具体说，也就是有之则必活的“馅饼”与无之则必死的“保障”。从“怎么才不死”出发，可帮助弄清战略影响之底线要素，具体说，也就是有之则必死的“陷阱”与无之则必活的“魔障”。

企业的根本使命是“活着”，或者倒过来说就是“不死”，依据由此导出的战略影响要素，可以自然推导出两方面的行动对策：其一，抓关键，创找馅饼，加强保障，也即有所作为，做加法；其二，守底线，规避陷阱，破除魔障，也即有所不为，做减法。

关键与底线

抓关键，做加法，助企业活着；守底线，做减法，防企业死亡。做与不做，多做与少做，其中所体现的就是战略决策的取舍原则。遵循战略决策的取舍原则，在现实经营中，主要难题在于，环境复杂，情况多变，极难预料，此时到底该如何把握其中的度。

达尔文有言：“能够生存下来的，既不是最强壮的，也不是最聪明的，而是最能够适应变化的物种”。适者，考虑的不是局部、短期的最优，不是效率、速度的最佳，而需要系统有一定的功能冗余，留有充分的后手储备，也即要有过冬粮草，以备不时之需。

适者，需有开放学习的精神，能够战胜自我，改变旧有习性，以顺应变化的环境。这里提到的开放学习，不仅在于能够感知与接受新信息，更重要的是，能基于经验或实践的结果，通过亲身践行，伴随着动态环境，达成持久或相对持久的适应性行为变化！

对症与防患

如何做到活着或者说不死？《孙子兵法》有“先为不可胜，以待敌之可胜”的说法，《老子》则认为“胜人者有力，自胜者强”，这意味着，在竞争环境中，无须太过关注打击对手，只需坚持做好自身工作，如此不断活下去，或许更能获得胜出的结果。

活着，若从学会如何规避死亡着手，也可帮助企业更好存活。小品《心病》中有句台词：“我不想知道我是怎么来的，我就想知道我是怎么没的！”某民企董事长曾说过：“我觉得民企的最大悲哀是：活得好自己不知道，如何死的自己也不知道。”

活与死，无论从哪一角度出发，重在适度，对症下药，防患未然。这涉及尺度与分寸的把握，例如，大与小，多与少，好与坏，快与慢，省与费等，其精度、准头与力度，均需判断与选择，要靠智慧与远见。毋不及，毋太过，宜恰到好处，免得过犹不及。

对症下药，需视情而动。环境不同，做法互异。例如，面对非常熟悉的领域，有经验可循，可借科学方法，精心设计规划；面对灵感创意的领域，可凭信仰感觉，渐修顿悟创新；面对完全陌生的领域，宜边干边学，可凭实践探索，不断试错，快速迭代。

具体地，考虑到资源、精力有限，战略决策须有取舍，有所为，有所不为。有所为，涉及加法，开拓创新，勤做多做，通常象征着积极前行，可由情感本能驱动。有所不为，涉及减法，防患避灾，不做少做，通常被视为消极退却，需逆本能理性修习。

行思修炼，内化于心，外化于行，才有可能真正做到面临复杂多变难料的决策环境，仍然能从容淡定——抓住关键求突破，守住底线防失控。这只有通过不懈的修炼与有恒的践行，最终形成能够考虑长期整体的理性直觉，才可驾驭急功近利的生物本能。

忘我与三活

具体地，就活着或者说不死的衡量与评判标准看，可分成“活得了、活得好、活得久”三个层面来讨论。对于企业来说，做到活得了，必须要有盈利，并带来净现金流；讲究活得好，通常需有发展空间；追求活得久，希望业务经营可持续、不易衰。

适者生存，适度，对症，防患，以确保持续盈利发展。“馅饼、保障、陷阱、魔障”等战略影响要素的作用，都可能存在着非线性效应，会产生不对称的后果，从实践操作看，难题在于火候力度的把控。例如，适当管理可增效，过度管理或负效。

再如，企业产能，若低于市场需求，缺乏规模经济性，则适当扩大产能，当属“保障”甚至“馅饼”要素；而一旦超越适当的规模水平，若进一步扩张，有可能成为拖累，就易成“魔障”要素，若这种扩张源自高息负债，甚至还会变成“陷阱”要素。

“不忘初心，方得始终”。将“活着/不死”当作战略初心，解决“三活”（活得了、活得好、活得久）问题，可从忘我利他行动入手，营造良性循环的经营生态，以实现企业的持续盈利发展。乍一听，忘我利他行动，似乎属高大上，细思量，却是绝对必需。

从做事的角度看，忘我于事业的人，更有可能激情专注投入，从而产生创意，将事情、产品或服务等做到极致。从为人的角度看，从利他行动出发，更能创造价值，更可能取得先利人、后自利的成效，从而推动人际良性互动，营造出互惠互赖的经营生态。

实际上，对于忘我利他行动的必要性，还可借鉴类似前面“活”与“死”的正反命题提法，采取逆向思维的否定法获得反证。例如，若有人觉得“利他”提法不可行，则可以设问“反利他”怎么样？人们愿不愿与一个反利他的人打交道？其结论将不言自明。

利他避陷阱

基于逆向思考，适者生存，需要克服自我中心，多从忘我利他入手。只有关注生态，关注他人，为他人提供价值，才会被他人所需要、所重视，才有在互赖生态环境中存在的价值，为企业“活着”提供生存土壤与空间，否则，企业极有可能失去存在的必要。

忘我利他，所体现的更重要的是一种行思态度。例如，有人上门谈生意，甲先问：“我能为你做什么？”或者“你需要我做什么？”而乙则先问：“你愿付我多少钱？”或者“我能从你这里得到什么？”

对于甲与乙，与谁打交道，人们心中可能会觉得更靠谱些？

显然，从社会互动的角度看，自利者，只要同时能利他，仍会有人与其打交道，而若反利他，则定然会成孤家寡人。由此可见，《老子》中“圣人后其身而身先，外其身而身存”的提法，与德鲁克认为的企业与人生“贡献在外部”，有异曲同工之妙。

一般地，当从正向入手，阐述不清怎么能三活时，可借鉴逆向思考，用否定法，剖析怎么易致死，或许会容易些。例如，公司好运当头、风生水起时，就极易忘却谦卑、冷静、敬畏，误以为运气永佳，结果头脑发热，盲目冲动，快速扩张，终致超速失控。

具体地，碰巧成功的企业，更易头脑发昏、发热、发狂，使听力下降、视力变盲，最终致决策失误，结果自取灭亡。企业活着，需居安思危，谨防三大战略陷阱：财务上，现金流不畅，挤死；质量上，市场失信誉，坏死；品行上，流程不合规，猝死。

从林竞争进化而来的人之本能，通常重局部眼前，轻整体长远。规避三大战略陷阱，需逆本能操作，宜借企业战略行思修炼，增强长期整体观念，以助持续盈利发展。例如，为永续经营，需多存余力；为留住顾客，需塑造品质品牌；为长期传承，需提升品行。

战略与战术

如前所述，战略可从活着、不死、对症、防患等多个角度切入，可在弄清馅饼、保障、陷阱、魔障的基础上，给出行动对策。战略决策需要多维度开放式思维，行动对策的制定需有广泛视野与深度把握，如此看来战略就像一个大箩筐，什么都可往里装。

的确，从“活着”的角度看战略，似乎企业处处是战略，而又处处非战略。活在当下是战略，需有随遇而安之心态；修因得果也是战略，需有修禅悟道之精神。理论上，观点分歧，众说纷纭，莫衷一是；实践中，白猫黑猫，甚至还有灰猫，很难界定。

抽象谈战略，容易不着边际，具体谈对策，也许会有共识。有故事说，孤岛上，狮子与猴子博弈，狮子威猛强大，最终把猴子逼到了一棵树上。狮子紧守在树下，猴子下不来。双方胶着，树上的猴子十分紧张，很难受，树下的狮子无法松懈，很痛苦。

对于以上情况，如果双方一直僵着，最后到底谁能活？如果最终有一方能够存活下来，那么谁更有可能存活，也就是相对活得久一些？回答这些问题，涉及狮猴耐力、食物储备、外援帮助、机遇运气等众多因素考量，具体情况不同，最终后果迥异。

若双方的综合实力等方面相当，结果极有可能两败俱伤。猴子机灵，跟狮子说：“与其这样我们双方死耗，你还不如到对岸去，那里食物丰富。”乍一听，狮子觉得这主意不错，但一细想，发现不对！自己不会游泳，没有渡船工具，又怎么到对岸去呢？

于是，狮子对猴子说：“你的想法不错，但我过不去。”猴子听后，对狮子说：“到对岸去是战略，怎么过去是战术，战术问题你自己解决。”问题是，不能操作的战略，到底算不算战略？战略不能落实，到底因为什么？缺能力，少助力，还是没动力？

当然，战略难落地，还存在着这样一种可能，真的是因为目标定得太高，实际上根本不可能达成。例如，受制于同行激烈竞争、市场渐趋饱和、总体需求有限等。此时，若领导仍觉得是员工的执行力有问题，作为下属又到底该怎么办呢？

只有当所提出的战略是可以落地践行，也就是战术上能够实际操作的时候，结果才有可能取得预期成效。从这个角度看，似乎战略与战术密不可分。实践中，战略与战术的界限，的确很难人为划分，毕竟到底关乎或非关“活着”，有时其区别并不清晰。

基于活着的考虑，现实中企业等各类组织的生存，也许根本就没有一成不变的战略，所需要做的就只是，适应动态变化的内外环境，不断通过自我学习与更新，相机做出各种判断与选择，最终采取适当的行动，以确保组织能够一直不死。

就像人一样，作为基本的生存需要，渴了喝水，饿了吃饭。在这里，喝水，吃饭，到底是战略还是战术？做出该先喝水还是该先吃饭的决定，这到底是属于战略决策还是战术选择？采取先找水还是先找食的做法，又到底是属于战略行动还是战术行动？

“活着”作为一个过程，若随兴些，可简单至极，若要深思，则复杂难解。现实中，对于一个真切感受到口渴或是肚饿的人，似乎很容易做出判断与选择，但从理论上看，对于找到水源或发现食物，到底该算战略还是战术，似乎并不容易说清。

行动即战略

故事说，有头又饥又渴的驴子，按绝对理性考量，其感受到的饥渴难耐程度正好相当，若情况继续恶化，它将面临死亡的结果。在其左前方不远处有水源，在其右前方等距离处有草料，它站在那里，非常理性、冷静地思考着到底该怎么办的战略。

是先往左去喝水？还是先往右去吃草？驴子思考着，犹豫着……直至因过度饥渴而晕倒，最终慢慢死去。它至死也没想清楚，到底该先做什么，后做什么。现实企业战略决策，有没有碰到过类似驴子的困境，陷入所谓的决策瘫痪或等死模式而难以自拔。

因为存在众多备选方案，相互之间的优劣情况几无差异或各有特色，很难进行简单排序评判；因为众人的看法分歧，各执己见，互不妥协，无法达成共识。这些都会让人很是纠结，举棋不定，结果在无尽的权衡等待中，贻误或错失了原本的行动良机。

面对模糊不清、变动不定的未来，由于纠结于看不清情况，无法准确衡量利弊得失，决策团队就更容易在是否采取行动，甚至采取这个行动还是那个行动中摇摆不定。这种等待，有时也可当成缓兵之计，例如，等待过程变化，让决策自然变得容易。

在关乎生死、需要当机立断时，走出决策瘫痪困境，有时只需增加一点随机性即可。例如，对于饥渴的驴子来说，若有人在后面狠踹它一脚，甚至是突起一阵大风，使其不经意间往左或往右迈出几小步，自然都可化解先往左还是先往右的决策困局。

现实企业经营中，走出决策瘫痪或等死模式，可以采用的解决办法很多。请专家顾问，拜会各色大师，或者就只是随便地找个朋友听听建议，都可由此获得灵感或启示，揭示出决策者内心所潜隐的真正偏好，从而起到破解绝对理性思考的两难决策困局的作用。

比如，人们在采用抛硬币、找高人等做法时，是否遇到过这样的情况？就是当抛过一次硬币后，还想再抛几次，或者找过一位高人后，还想再找几位。为什么会有如此微妙的心理？正是这种想或不想再做尝试的倾向本身，揭示了潜藏于人们内心的真正偏好。

由此看来，“当人们需要找众多理由以帮助自己做出抉择时，实际上就意味着此时不用急于做抉择”，这种说法不无道理。因为，面对复杂难解的多因素决策，若需要找众多理由才能说服自己下定决心，实际上已经意味着人们内心对此类决策的排斥。

一般地，在行动即战略的情况下，化解决策瘫痪，走出等死模式，其关键就在于果断决策，勇敢行动。此时，无论是凭大师、参谋者、旁观者的一席话，还是简单地抛个硬币做抉择，都可起到帮助做出决策的作用，这与决策所用方法本身是否符合科学无关。

成败论英雄

就企业战略决策本身而言，最终怎么评估其优劣？该遵循怎样的标准与流程？是看决策方案，行动过程，还是最终结果？到底怎么看？评判好与坏，依据是什么？网上曾有过一个有点搞笑的帖子，谈到麦肯锡与波士顿这两家国际知名的咨询公司。

帖子调侃地写道，麦肯锡第一，波士顿第二，“千年老二”波士顿想请麦肯锡帮助做咨询。做什么咨询呢？做战略咨询。做战略咨询的目的是什么呢？要把自己变成第一。帖子由此提出问题，作为麦肯锡公司，对于这个咨询案子，到底接还是不接？

对麦肯锡来说，难题在于，若有能力接，不接会丢生意，接了会将自己变成老二；若无能力接，接了会砸锅，不接会露怯。这就是这个帖子的搞笑之处，也是一些企业在处理竞争性合作时所遭遇的两难困境。读下去之前，请先试着想一想，接还是不接？

看到这个帖子，我评论转发：接，果断大胆地接！如果咨询项目做成了，让波士顿成了世界第一，就说战略成功，告诉波士顿：“看，我想让你做成第一你就能成第一，你们今后给我老实点，年年付钱请我做咨询，否则的话，立马让你重新变第二。”

如果咨询项目做砸了，波士顿没有成为世界第一，就说执行不力，告诫波士顿：“看，这充分证明你们公司的执行力不行，不要再心中不平瞎折腾，想着当什么老大了，还是老老实实认清自身定位，平心当千年老二算了，这样大家更容易相安无事。”

以上评论，看似调侃，实属真情。现实中不是随处可闻类似说法吗？做成了是自己的决策英明，做砸了是下属的执行不力。总之一句话，决策者一贯正确，永远不会出错。这种努力证明自己英明的倾向，并非领导者的专利，几乎所有的人均如此。

修因与得果

关于决策，人们通常在做的，就只两件事：要么做出正确的决策，要么证明其自身决策的正确。这种现象，在企业、政府、大学等各类组织中广泛存在，任何决策者不经意间都会有如此反应。人们这样做，似乎都是无意识的，自己常常意识不到这一点。

古语说：“人贵有自知之明”，现实中却多见自以为是者。更为有趣的是，各类企业的领导在制订目标时，受欲望膨胀驱动，通常倾向于确定很高的目标，似乎总有点高估员工的能力，然后，在执行过程中，又责备下级不够能干，没有达成预期的目标。

将目标定得很高，若员工无法达到，领导就认为员工不太能干。那么，员工又是如何看待领导的如此做法的呢？通常会认为领导犯傻，制订不切实际的目标。这样看来，似乎无论结果成败，最终大家都会很好地释放自我，重新收拾好心情向前的。

以上这种以“成败论英雄”的说法，只要最终结果好，那就一俊遮百丑，认为必定是战略正确，实际上有点倒果为因。仔细推敲其中的逻辑，不难发现存在无法服众之处。企业战略真正关注的问题是，结果怎么来的？这有点类似佛教所说的，修因得果。

譬如买彩票，若有成千上万的人去买，就必然有中奖者，如果有人中奖后，给人讲自己是如何做研究，经长期努力，终于预见到中奖号码，然后按此买彩票，最后果然中了奖。大家会信吗？肯定不会！但是反观现实企业经营，成功经验却有很多人信。

回顾我国的互联网等行业，当初创业者众多，经历了多年拼杀，最后胜出者寥寥，此时，若有胜出者现身说法，给大家讲他自己如何屡战屡败，屡败屡战，结果最终取得成功的故事，这样的“事后诸葛亮”式叙说，肯定非常吸引人，想不信都不行。

静心思考，大家会觉得这样的成功能复制吗？显然不可能！社会上出现的各类极端成功的例子，均受个人天赋、环境机遇、后天努力等众多因素的影响，是无数创业者通过大量试错迭代，经过长期实践探索，才逐步涌现出来的，其过程充满不确定。

看待此类成功，需观察其成功过程伴随有多少失败的同行。由此才可得出结论，其成功到底是事先精心设计、一路走来的必然结果，还是仅凭歪打正着、不断摸索的偶然结果。问题在于，撇开成王败寇说法，现实尚无其他合适办法，可用来评判战略优劣。

更何况，市场竞争，企业兴衰，客观存在，争取更好地“活着”是硬道理。也许正因为如此，德鲁克认为，“管理既不是科学，也不是艺术，而是一种实践，其本质不在于知，而在于行；其验证不在于逻辑，而在于结果。”但是，结果并不意味着一切！

地狱与监狱

看结果说话，没有结果一切免谈。现实经营中，失败了，的确无话可说，毕竟败军之将不言勇。问题在于，当前取得了很好的结果，看似非常成功，是否就一定意味着战略好呢？毕竟世界上许多出了丑闻最终关张的企业，此前也都曾经有过辉煌。

这似乎表明，仅根据其优异的短期结果，并不足以保障其定然有着卓越的长期业绩，那么又可依据什么去评估与衡量一个企业，不仅会有短期好结果，还可保证会有长期好结果呢？祸福相依，或许正是因为当下业绩优异，才潜滋了此后的困境危机。

有鉴于此，即使“成败论英雄”，仍然还必须守住不可逾越之底线！一般来说，人生最根本的底线可能有两条：一是不能擦边球打得太厉害，自己累趴进医院，甚至误入地狱；二是不能擦边球打得太离谱，自己吃官司进法院，严重到蹲进监狱出不来。

成功的诱惑、环境的压力、判断的失误、膨胀的欲望，容易使人无意中忘了自己心身的极限与社会法律的边界，最终把身体累垮或把自由玩完。现实中，屡屡见到的正处事业顶峰的成功人士，忽然英年早逝或者身陷囹圄，就是此类情况的明证。

再比如，长期以来，不时可见新闻报道，一些此前相对比较著名的企业家跑路了、失联了、找不着了。为什么呢？因为公司经营涉及了太多的类似玩火走钢丝的事，一旦圈内有人出事，被抓起来，其他人不免担心受牵连也被抓，索性就提前跑路开溜了。

真正做到平衡兼顾短期与长期、局部与整体的关系，需要战略决策者有通透的心灵，前瞻的眼光，淡定的心态，毕竟当短期、局部的利益摆在眼前时，受人类急功近利本能驱动，许多人是经不起诱惑的。这对加强战略行思的修炼，提出了严峻的挑战。

想到与做到

战略思维与行动的修炼，涉及两方面的东西：一个是知性上的思维认知规律，另一个是感性上的行动做事方式。在这里，谈思维与行动，是不是说只要认识、了解并能说清楚事情的来龙去脉，也就算是做到“知”了呢？当然是不够的，知而未行非真知。

为了能够做到行动落实并见成效，要求提出的战略具有可操作性，也就是能够接地气，贴近实战要求，切中企业战略的关键与底线。要想真正做到抓关键、守底线，当然首先需要了解情况，那么，战略决策所依据的鲜活信息都是从哪里来的呢？

显然，决策所依据的第一手信息，通常都是从工作在最前沿也是最了解情况的人那里来的，例如，冲在一线、富有经验的技术、市场、生产等相关员工。吸纳最了解情况人员的经验与智慧，使其参与或融入企业战略过程，这对战略成功实施非常重要。

要做到这一点，对于刚创业的小企业来说，并不困难，因为创业者既是决策者，同时也是执行者，本身就冲在前线，当然非常了解最前沿的情况；对大公司来说，可能存在问题，因为在这些公司中，战略的制订与落实通常是经由不同的人群完成的。

一般来说，大公司的战略由高层负责制定，中层分解落实，基层具体行动。此时，公司高层若能倾听一线人员的想法，注意了解前沿情况，或可保证战略的接地气；反之，若太过自以为是，忽视基层经验与智慧，其所制定的战略就易脱离实际难见效。

战略决策要落到实处，能够适时、适度、适当，就需不断了解事物的内在变化规律，时刻关注企业所处环境的动态变化情况，做到这一点，不仅要学会提问，以吸取既往经验教训，还要积极实践，通过行动探索未来新路。这就是本篇以下讨论所关注的重点。

第1章　行思框架

决策三做

基于实践考量，实现组织与个人“三活”（活得了、活得好、活得久）之目标，战略决策至少需要回答“三做”（做什么、如何做、由谁做）问题。一些企业在战略上成为“理论巨人、行动矮子”，也许是因为仅重视“做什么”，而忽视“如何做、由谁做”。

战略中心命题

“三做”问题，可以看作是战略构思与运作的中心命题。战略中心命题是作为整体存在的，任何忽视这其中一个或几个层面的做法，最终都会使得战略成为写在纸上、贴在墙上、说在嘴上的花架子，甚至犹如看不懂、做不来、没人做的“鬼话”。

将“三做”作为整体看，对小企业来说，不存在什么问题，因为在那里，战略中心命题的三个方面通常是由同一个人或同一批人来回答与实施的，所以，不会产生“做什么、如何做、由谁做”之间的协调困难。但对大公司来说，情况可能就会有所不同。

在大公司里，回答与实施战略中心命题，可能涉及不同的部门或人员，需要解决相互之间的认知与沟通问题。许多大公司所制定的战略“规划”难落地，主要就是因为在讨论“做什么”的战略构想时，相对忽视了“如何做、由谁做”的措施落实问题。

议事别忘“由谁做”

关于“三做”落实，《伊索寓言》中有个故事，说的是从前有一群老鼠在开会，商量如何对付其天敌——猫的威胁，以解决“活着”问题。会议运用类似“头脑风暴”的创造性技法，老鼠们广开言路，积极献计献策，结果五花八门的建议提出了一大堆。

在这些建议中，有一条最受欢迎，这就是“在猫的脖子上挂一个铃铛”。因为这样一来，猫走到哪儿，铃铛就会响到哪儿，而老鼠们只要一听到铃铛声，就可以在猫出现之前逃跑，藏到它们自己的洞中去。如此就相当于建立了一个危机预警系统。

乍一听，这一建议真的是妙不可言，因而也博得了老鼠们最热烈的掌声。这时，一只一直坐在角落里闷声不语的年迈老鼠，突然站起来说，自己想提一个非常简单的小问题，那就是“请问在座各位，究竟有谁堪当给猫挂铃铛的重任呢？”

重赏之下必有勇夫

战略实践中，领导关注“做什么”甚于“如何做”与“由谁做”。回答“如何做”与“由谁做”的问题，涉及战略实施的途径、方法与动力、能力、助力等要素。现实中有时出现的“没人做”，不一定意味着“没法做”或“做不成”，也可能由于激励不到位。

俗话说“重赏之下必有勇夫”，在激励到位的情况下，至少会有人真正开动脑筋去想办法，如此一来，或许就能找出切实可行的解决办法；甚至可能还会有人愿意冒险，承担责任去试一试，看看自己能否探索出一条前人从未走过的新路。

亨利·明茨伯格曾指出：“伟大的战略家或者有创造性，或者有雅量，遗憾的是，这两种类型都太少了。”现实中，也许没有领导真的不想听建议，更没有领导在面对棘手问题而有人提出解决对策时会不采纳，问题在于下属担责努力后，领导会怎么应对。

多点创意与雅量

如果企业中存在着严重的激励不对称现象，也就是领导在下属“做成事时忘激励，做砸事时多指责”，那么下次再遇上什么难题，就肯定不会有人心甘情愿地主动冒险出面承担责任。长此以往，企业召开的诸葛亮会，就将变得无人提建议、谈想法。

许多事只要有人真正愿做、想做、肯做，就有可能找到解决方案。即使如上述的“挂铃铛”例子，至少可以尝试给猫打麻药，或者利用广告诱导，让猫挂上铃铛。现代时尚产业的运作，各种饥渴营销手段的使用，不也常让人们自己“挂铃铛”吗？

从这个角度看，伟大战略家的“雅量”，不仅体现在听得进好想法，更体现在对于探索者——不论其结果成或败——的扶持与帮助，对于积极投入者的认同与关心。例如，对于做成事者的及时表扬与奖励，对于没做成事者的真心宽容、理解与鼓励。

目标三活

“活得了”与净现金流

对于企业来说，若以“三活”作为目标，具体地可用什么指标来衡量呢？首先，“活得了”，至少要有盈利，而且这盈利不能停留在账面上，必须表现为净现金流，这是“活得了”的根本前提。那么，怎么做才有净现金流呢？这是战略思考与行动的核心。

企业经营是个过程，净现金流是源头活水的保障。有时企业破产，并不一定是资不抵债，而是资金错配，一时周转不灵，现金流枯竭。例如，银行贷款收紧，就转向民间借贷，而民间借贷高息，业务回报较低，最终现金流变负，企业经营必然难以为继。

企业要想获得持续的净现金流，要么其长期未来被看好，当前有人愿投资；要么其产品或服务有市场，能够带来盈利。这意味着，净现金流要求企业具备利用各种资源的能力，可为顾客提供有竞争力的产品或服务，并能通过市场销售实现适当的盈利。

“活得好”与发展稳健

企业希望“活得好”，这里的“好”意味着什么？不同的人可能会有不同的回答。比如，企业有持续稳定的净现金流，也就是盈利了，有钱了，人们可能还想做什么？争取更多利润，赢得更大市场份额，吸引并留住骨干人才，关注健康可持续等。

在这里，健康指的是什么？企业发展稳健，能够抵御各种风险，不太容易死亡？怎么做才可保健康？途径有很多，例如，更多现金储备，更优经营模式，更高资产流动性，更强研发团队，更扎实市场销售网络，更广泛社会影响力，更具活力的企业精神等。

可持续，又是指什么呢？能够有所发展，有所壮大，实现上市，基业长青等？这一切又可用什么指标衡量呢？似乎还是赚钱，赚更多的钱，更大的净现金流，这好像又给绕回到活得了的盈利上去了，毕竟人的赚钱欲望无止境，只是不能因此忘了“活得久”。

“活得久”与坚守底线

企业要想“活得久”，也即可持续发展，这关乎未来，通常不可预见，难以事先断言，要想给出适当建议，似乎很不容易，有点不可为，或者根本说不清，更难提出什么具体的衡量指标了。正向回答怎么才能活得久，不太可行，不妨从逆向命题出发讨论。

从逆向看，怎么更可能活不久？回答这一问题，能给“活得久”些许启示。易致死，就是“活不久”，出现什么情况易致死？这可以列举出许多：高杠杆扩张、高负债经营、难以适应市场变化、产品或服务没有特色、技术研发力量不强、发展后劲不足等。

以上从“活得久”的逆命题“活不久”的讨论中获得的想法，与从“活得好”导出的建议可做相互补充，帮助拓宽战略思路。“活得好”，更多涉及发展；“活得久”，更多涉及不死。这正是前面提到的战略有所为与有所不为，抓关键做加法，守底线做减法。

生存发展与可持续

从企业成长过程看，以上“三活”，即活得了、活得好、活得久顺次出现，先盈利生存，再发展稳健，再持续不朽。而作为战略行与思的修炼，所关注的分析逻辑，则是从未来看现在，基于可持续考虑盈利发展，即重视持续盈利发展，以此反求当下做什么。

显然，基于持续盈利发展的逻辑，加强企业实力建设，如顾客导向、研发投入、人才培养、创新储备、适度规模等，就会成为自然的选择；而若按盈利发展持续的顺序，企业行为可能就会更急功近利些，这样，无意中就易偏离长期“活得久”的要求。

此外，从增加短期或眼前盈利看，不惜一切代价，抓住各种可能机会，甚至通过恶性竞争，搞垮竞争对手，以及其他类似方式，似乎都可作为一种发展选择。而从长期的角度看，坚守底线原则，规避致命陷阱，这才是企业确保持续盈利发展的根本基础。

坚守失败能承受的底线原则，李嘉诚就说过，投资的时候考虑最多的是，如果做砸了，拿什么去贴补。在赚到钱“活得了”的基础上，考虑“活得好”，必须注意逆向思维，关注不死这一可持续问题。要考虑做砸了怎么贴补，若贴补不了，就不该冒险。

有人说，只有高风险才可换得高回报。波士顿咨询公司创始人说过，真正能干的管理者是这样做的：增加收益，降低风险。企业战略所应该关注的是，在努力降低风险的同时，扩大盈利的空间，而不是所谓的低风险必然低回报，高回报必然高风险。

当然，具体地，对于可以承受的风险程度，不同的人会有不同的选择。有人会拿 100%甚至数倍的身家去冒险，这样一旦失败，后果将非常严重。另有人只拿10%、20%或一半的身家去冒险，这样即使失败了，也不会有什么大影响，可以继续活得很潇洒。

赢得起更要输得起

在关注投资可能带来收益的同时，要慎重考虑万一失败出现亏损怎么办，自己能否承受。如果亏损了能承受，则项目投资即使有风险也不要紧；如果亏损了承受不起，则无论项目的潜在收益有多高都不能投。这就是所谓“不投赢得起而输不起的项目”。

在整个经济一派繁荣甚或泡沫的氛围中，有些企业进行高杠杆、高负债的项目或金融投资，押宝市场向上趋势，试图以此大赚一把，而一旦市场掉头向下，几乎都会深度被套，甚至搞得倾家荡产。实际上，这些都是触及了“赢得起而输不起”的底线。

对于各类项目，若成功有大回报，失败也能够承受，就可作为长期战略性投资的备选。例如，企业对研发、人才、品质、安全、德行，诸如此类的投资甚至储备，只要不超越实力可承受的范围，都属于“做成有回报、失败无大碍”之列，可多多作为。

许多投机取巧打擦边球的项目，有时短期看起来可以非常轻松地赚大钱，似乎就是天上掉馅饼的大好事。但若从“活得久”的角度看，就不一定好了，因为久而久之，它会使人养成不良甚至有害的经营习性，结果就为未来埋下了随时可能引爆的炸弹。

由此看来，那种不凭自身实力、押宝对赌政策、明火执仗、利令智昏、公然违法乱纪的做法，都是经不起时间考验而难持续的。这世界上最抗通胀、最可持续的投资，可能就只是决策者个人的健康与能力，以及企业经营的合规性与竞争力。

不把自己及企业玩进监狱或地狱，需要的就是健康经营与竞争实力。从长期来说，就是要具备任凭风浪起，稳坐钓鱼船，甚至越变越受益的潜能。就如有人评价巴菲特的那样，不在于市场向上时能比别人赚得多，而在于市场向下时会比别人亏得少。

这意味着，持续盈利发展的企业必须经得起折腾的考验。尼采有句名言："杀不死我的，使我更强大！"在情况变坏时，谁扛得住，就更易存活。市场下滑能扛过去，天灾人祸能扛过去，各类挫折能扛过去，经得起如此历练，自然就会变得非常强健。

生于忧患，死于安乐。经受时间变故的考验，其中定会遭遇意外事件的挑战，宜在平常做好相应准备。例如，在手中有钱时，降低负债率水平，多做些冗余储备，使净现金流更稳健些，这样，即使出现了什么风吹草动，企业自然就会有余力从容应对。

由此可见，将"三活"当作整体，关注持续盈利发展问题，需从"活得久"入手，特别是在企业净现金流非常充沛时，此时银行愿意增加授信，周边人愿意借钱给你，切勿头脑发热，高负债大规模扩张，而应在失败能承受的范围内做项目拓展或冗余储备。

质疑三问题

学会提问与习惯养成

围绕“三活”目标，解决“三做”问题，战略行思修炼的重点在于组织或个人学习能力的建设、提升与传承，以实现思维突破与行动创新。在这里“学习”二字，体现的是实践出真知的思想，包括了决策者内在的心智“思考”与外在的切实“行动”。

就思考而言，学习的“学”，重在“学会提问”，通过不断地对自我及事实的质疑，消除成见，提升对战略实践的认知水平；就行动而言，学习的“习”，聚焦“习惯养成”，通过不断地加强对行为及技能的习得，清除陋习，提升对战略实践的操作水平。

践行学习的“学”与“习”，学会提问，习惯养成，需有开放心态，战胜自我，打破思维与行为定势；顺应变化，如此才易感知与接受新信息。当然，更重要的是，基于经验或实践的结果，通过躬身践行的迭代，达成持久或相对持久的适应性行为变化！

如何开展战略行思的学习修炼，可围绕战略中心命题，将战略决策的行思过程分解成逻辑上紧密联系的三部分——“质疑”“探思”“求解”（简称“疑思解”）。通过“疑思解”的不断实践演练，提升战略决策者抓关键、守底线的水平。

封闭性与开放性提问

对于实践的质疑，难在正确提问，以抓住人、事、物的本质，揭示其中所存在的特征与原理。质疑，重在弄清事理，不在于挑战别人，证明自己。借鉴苏格拉底的反诘法，一般可以提出类似“是什么”“应该是什么”“为什么”这样三个根本性的问题。

具体地，若用“业务”一词来泛指企业乃至各类组织具体所进行的活动与需完成的任务，就可给出战略质疑的三个基本问题：企业的业务是什么？应该是什么？为什么？其中的“是什么”涉及现状，“应该是什么”事关目标，“为什么”可引出缘由。

从质疑的方式看，是什么与应该是什么，属于封闭性或收敛性问题。在回答这些问题时，人们脑子里会不由自主地寻找最为合适的所谓标准答案，而不是寻找尽可能多的备选答案。战略决策最终需要确定行动方案，但决策过程最好要有多个方案的比较。

为了找到更多备选方案，需要开放性或发散性的问题，以拓宽战略思路。例如，作为“三问题”的补充，不妨引入这样两个问题：企业的业务“可能是什么？还会有什么？”回答此类开放性问题，不能凭现成知识或记忆，而需眼睛外向，去观察，去探索。

例如，对于一个长期从事机械手表生产的企业来说，若简单地提出“业务是什么、应该是什么、为什么”等封闭性问题，人们可能很容易给出答案：业务现状及目标都是生产机械手表，因为机械手表有市场，企业有能力，也乐于并习惯于生产这类手表。

若提出开放性问题，手表市场“可能是什么？还会有什么？”也许人们就会比较容易地看到，正在兴起的电子表等市场，可能具有更大的增长潜力。此时，再来做关于企业未来业务应该是什么的决策，思路或许就会开阔些，更不易受过往经验的羁绊。

“为了什么”与“因为什么”

无论是封闭性还是开放性问题，只要能够注意追问一下“三问题”中的“为什么”，也许都可帮助人们更好地抓住事物的本质。有人说，战略很简单，就是回答三问：在哪、去哪、怎么走？实际上，随意回答这三问容易，说清楚“为什么”才是挑战所在。

细究“为什么”这一问题，可进一步分解成两个子问题，这就是“为了什么”与“因为什么”。例如，人“为什么”要活着？关乎目的、价值、使命、意义等，似乎属纯粹哲学思考；人“凭什么”能活着？关乎资源、禀赋、能力、环境等，为战略哲思核心。

关于因为什么的质疑，需要打破成见，会引发内心的抗拒心态。对身处高位者来说，若缺乏自我质疑精神，就不会有人对其提出质疑。对于质疑，更可行的做法是，对人多点肯定与倾听，会有助借鉴、吸收；对己多点存疑与反思，会有利超越、战胜自我！

探思三假设

决策依据三假设

对于企业战略实践提出“三问题”，进行“为什么”之“因为什么”的质疑思考，可以帮助找到“怎么才能活”“为啥能不死”的决策依据，最终导出适当的战略方案。严格地说，这些依据都可看成是人们基于有限信息与主观判断所做出的“假设”。

既然是假设，就有论证、推敲之必要。战略理论探思的核心，就在于弄清这些外显与内隐假设，对假设所依据的各种信息来源的可靠性进行论证。例如，对于一个生产铅笔的企业，若问业务是什么？应该是什么？可能获得的直接回答是“生产铅笔”。

若再问“铅笔是什么？”也许回答“书写工具”。再继续问“书写做什么？”可能回答“记录信息”。如此不断穷究，或可获得适当的业务定义。至于“适当”程度的具体界定，涉及到底该怎么定义其“业务”，不同的企业或许会有不同的考虑与选择。

如果接着追问“为什么？”此时要求回答的就将是做出选择的依据。就“为什么觉得业务是或应该是生产铅笔”而言，可能得到回答“能赚钱”。而对于“为什么能赚钱？”也许回答为“铅笔有市场需求”，这就是对企业外部环境所做的一种判断或假设。

再问“芯片也有市场，为什么做铅笔而不做芯片？”可能回答

“能做铅笔，做不了芯片”，这就是对企业内部实力的假设。再继续问“有市场也能做的事很多，为什么做铅笔？”或许会得到回答“做铅笔很有意思”，这就是对企业使命宗旨的假设。

以上讨论表明，回答战略三问题，最终涉及外部环境、使命宗旨、内部实力三假设。正是这些假设决定了人们的认知与态度，最终影响了人们的判断、选择与行动。战略行思修炼的要点在于，能够真正弄清在战略三假设背后，其所依据的到底是什么。

改变假设与创新

从三假设的角度看，每个企业都有其自身特点，尽管不能完全排除借鉴、吸收先进经验的必要性，但就取得企业战略的长期成功而言，是不可能仅仅依靠向先进企业学习而实现的。更何况许多实战者所谈的成功技巧，都是相关个体的一次性体验。

这意味着成功经验通常不可复制，关注借鉴活法经验，有时还不如注意死法教训。例如，天时地利无法重现，内外部人和环境很难移植。我国许多成功的改革经验，往往是实践先于理论而出现的，因为明智果敢的一线实践者，会通过突破“三假设”求创新。

改变或突破三假设，常可带来创新后果。例如，警惕“关于未来的所有假设都有可能改变”，以保持积极开放心态，主动迎接各种变化的到来。重视“人性假设、信者则灵”，可从真诚、善意的态度与行为出发，引导人际间良性互动，创造美好的未来。

举例来说，对于许多名企所遭遇的“打假”难题，若仔细分析“假冒”现象屡禁难止的原因，可以发现其面临的战略三假设为：有旺盛的市场需求，有强大的赚钱动机，有很难被灭掉的制假能力。从这三假设可看出，杜绝造假行为基本上属于不可能。

基于以上三假设判断，如果将初始的打假做法变成“收编”造假者，就有可能化害为利，获得更好的社会与企业效果。当然，在此过程中，品牌企业需谨慎评估与选择可能的收编对象，制定严格的管理制度，以保持对收编后产业链各环节的整体可控性。

再比如，有老总提到，在招聘过程中，对经过履历、笔试等初选合格者，最后采用看相的方法面试，顺眼的就录用，结果发现这样选中的人，使用过程中个个得心应手。在这一看似有点“迷信”的现象背后，所体现的心理与社会机制其实并不神秘。

因为对看着顺眼的，人们在态度甚至行为上，无意中都会表现得更友善些，这一点很容易被对方所感知，因而会做出积极回应，结果双方也就更容易形成良性互动关系；反之，看着不顺眼，态度或行为都会冷漠些，结果相互之间的互动关系也会变糟些。

求解三出路

质疑三问题，探思三假设，求解三出路。从战略实践来看，“疑思解”过程无始无终，其始点既可能是质疑，也可能是探思，还可能是求解，如此不断循环，顺应环境变化，试错迭代，反馈改进。这里提及的“三出路”，就是以下所述的特色、取舍与组合。

特色

关于三出路，首先是特色，满足顾客需要，做到与众不同。为此，必须处理好专注与创新的关系，要有专注顾客创新观指导。专注，可集中精力，将现有顾客所需的产品或服务真正做到位；创新，能超越自我，满足潜在市场需求与现有顾客潜在需求。

在这里，专注与创新，都是围绕市场与顾客需求展开。所以，专注若顾客不接受，创新若顾客觉得无用，就意味着特色没有达到预期效果，也就是对顾客来说没有意义，或者说没有价值。只有特色能被顾客认同，才有可能锁定部分顾客，不惧同行竞争。

没有特色，就难错位竞争。各企业的产品或服务都趋同质化，最后就只能凭降价吸引顾客，市场上价格竞争将在所难免。在这样的行业环境中，各企业利润空间被严重挤压，反过来会进一步限制对专注与创新的长期投入，结果易使行业生态陷入恶性循环。

取舍

三出路的第二条是取舍，明确内心想做，并愿付出代价。为此，需要处理好进取与知止的关系，明确进取知止价值观宗旨。现实中，许多事内在有冲突，难以并行推进，无法同时进行，必须有所为有所不为，有些地方做加法，还有些地方做减法。

从决策的角度看，采取一刀切的做法比较容易，有加有减更费心力，无意中不愿做，特别是减法，会引发更多内心与外在冲突，更与人们直觉本能相悖。例如，质优价廉，若能同时兼顾，皆大欢喜，若不能同时兼顾，就需取舍，是先质优？还是先价廉？

再比如，盈利与合规，速度与安全，市占率与高定价，通常都无法兼容，而需做出取舍。三出路中的创特色，其本身就意味着必须有所放弃。就如在被问到如何雕出大卫像时，米开朗基罗回答说，大卫本来就在那石头内，我只是去掉了不属于大卫的东西。

组合

三出路的第三条是组合，明确环环相扣，做好相互协同。为此，需要处理敏变与反脆的关系，确立敏变反脆生态观原则。在静态不变的情况下，处理多环节的关系，难在环节越多越可能出现累加误差，从而产生“差之毫厘，谬以千里”的整体严重后果。

在复杂多变的社会中，存在多主体的相互作用，协同带有主观能动性的多环节关系，难题在于如何做到敏变与反脆。在这里，所谓的敏变，是指对于内外要素变化态势保持敏感，不仅能感知，还能及时做出调适响应。所谓的反脆，是指能够越变越受益。

由多环节、多主体构成的系统生态，为使各部分相互协同，有机组合，形成默契配合的整体关系，需要各部分相互敏变，并在适应变化上具有反脆性。在这里，关于反脆性的概念可详见塔勒布 *Antifragile*（中译本《反脆弱》）一书中所提出的观点。

解构与综合

对于以上讨论的战略三出路，如果说特色需要专注与创新，做起来并不那么容易；取舍涉及进取与知止，进取需要判断力，知止要能抗诱惑，这要求决策者内心淡定；那么组合就只是要求将一定要做的事情，环环相扣地做到位，而不致出现整体不协调。

有故事说，两个人一起吹牛。一人说，“我看到一种先进的机器，一头活畜从这边进去，开关一拨，香肠、火腿等就从另一边出来。”另一人说，“这种机器已有改进版，若出来的香肠、火腿等不合口味，开关倒拨，那头活畜就会从这边重新跑出来。”

通过三问题质疑，进行三假设探思，更多涉及类似“活畜变香肠”的战略解构过程。进行三出路探讨，更多涉及类似“香肠变活畜”的战略综合过程。企业战略实践过程，特别关心如何做加法与减法，以便养出企业“活畜”而不是“死畜”，这绝非易事。

变活畜所涉及的有机复杂性，不同于机械复杂性。面对机械复杂性，经过训练，人们尚有可能做到拆得开、装得回。处理有机复杂性，拆开容易装回难，难在拆装过程不能让系统停摆，这有如医生手术治病，始终要以确保病人“活着/不死”为前提。

有故事说，一名机械师正在拆卸一辆摩托的气缸盖，看见走过来的是一位世界著名的心脏外科医生，就对医生说：“嗨，你瞧这个发动机，我能打开它，把阀门（英语中与心脏‘瓣膜’同一词）取出，修好，装回。我们干的活差不多，为什么你的薪水那么高？”医生听后，想了一下，微笑着倾过身子，悄悄地对机械师说：“请试着在它工作的时候这样做！”

企业作为复杂的社会有机体，拆散容易重装难，更不能先将其停运，进行细致的战略解构分析，然后再进行类似变活畜的综合重构。这对企业战略决策提出了挑战，要求人们在考虑组合战略的做法时，需要特别注意有机系统整体各环节的相互依存性。

多环互赖、瓶颈约束与产业链共生

组合的环环相扣，需要整体协同，以免某些环节掉链子。有个故事说，某人在加油站加油，看见路边有两个人在忙活。前面的人在挖坑，每挖一个就前移些距离，再接着挖另一个；与其相隔一段距离，跟在后面的人则把前面的人挖出的坑一个个填平。

看到这种现象，加油的人忍不住了，问他们："到底是怎么回事？""噢，事情是这样的，通常我们三人一组干活，一人挖坑，一人栽树，另一人填土。只是今天刚好不巧，栽树的人病了，但这并不意味我们两人也可不必继续干活了。"他们回答说。

这个故事看起来很可笑，毕竟太过荒谬。但是在现实中，有没有到了年底，为了销售冲量，要求大家努力一下，争取能够达到多少亿的？若市场需求饱和，这样拼命冲量，最终冲出来的会是什么量？也许不过是自欺欺人，多给渠道压货，将企业库存前移。

对于多环系统的组合效果，可以分两方面考察：一是，假设整体效果是多个环节的连环相乘，以满分 100 分计，若每个环节做成 80 分，五个环节的 0.8 相乘，最终整体大概只有 32.8 分。若每个环节做成 90 分，十个环节相乘后整体也就只有 34.9 分。二是，多种工作环节齐头并进，假设这些工作的整体效果也是各环节连乘，则最终整体的分值也会类似于上述计算，大大地低于各个单一环节的分数。对于这一点，处于每个环节的员工不一定有充分认识，毕竟各自独立的工作均达 80～90 分，感觉似乎还不错。

以上分析表明，多环系统的整体水平波动，会受所涉系统环节数的影响，涉及的环节越多，就越可能产生倍增放大的波动。注意到波动意味着不稳定，会让人觉得不靠谱，若这种不靠谱损及企业产品或服务的品质，最终就会影响到企业整体的绩效。

在处理多环互赖关系时，若无法保障每个环节的人达到 100% 敬业或做事到位，就需建立检查纠偏与冗余补偿机制。例如，借助飞行检查、神秘顾客等制度，促使人们重视工作，将工作做到位；通过多留安全余量等，以提升系统各环节与整体的成功概率。

考虑多环匹配关系，需关注组织内外部多环节、多部门、多活动之间的战略协同，防止出现战略思路冲突。例如，企业上游具有大批量、低成本、少品种的产能体系，企业下游面临快响应、高灵活、多样性的市场需求，如此的上下游状况就存在冲突。

从产业链共生的角度看，任何局部环节的过度逐利膨胀，其对于经济整体的持续发展都是不利的。例如，传统媒体及互联网上广告竞价排名，使得上榜企业极难逃脱“赢家诅咒”；全球财富向少数人集聚，投资公司遍地开花，实难指望实体需求提升。

基于长期经营的考虑，处于强势地位的企业，必须密切关注产业链的瓶颈环节，特别是那些既处于瓶颈又经营困难的弱势环节的状况，在争取自身处于产业链微笑曲线的有利环节的同时，至少也要让他人能活下去，这样自己才可活得更好、更久些。

例如，有这样三家店，一家将过期面包退给供货商，另一家在 16～22 点降价促销，还有一家卖鲜肉包，每天下午四点基本就卖完了。在市场需求有波动时，哪一家的做法更有可能实现产业链上下游的总成本节约，保证产业链整体的持续多赢共生？

显然，卖包子的更有效，但会面对挑战，下午四点卖完了，过后在四点半、五点、五点半甚至六点钟，可能经常会有人来问，还有包子卖吗？如果抗不住诱惑，觉得多做点可多赚些，若真如此做了，就会变成与卖面包的一样，时有过剩或需降价促销了。

在多环互赖系统中，瓶颈永远存在，它不可能真正消除，而只会转化、转移。有时一个瓶颈的打破，会伴随着更多瓶颈的出现。消除了企业内部自己看得见、摸得着的瓶颈，瓶颈可能重新出现在不那么显见的外部环节，例如，资源供给、市场需求等。

有机系统均有其内在的适当规模，并非越大越好，系统局部的过度扩张可能意味着泡沫，例如，货币超发、金融膨胀、垄断加剧、产能过剩等。由此看来，瓶颈不一定都需突破，可将瓶颈看作管理的控制点，注意做好瓶颈的发现、创造与把握工作。

对于瓶颈，是否突破？需审慎决策。有时保持瓶颈在握而故意不突破瓶颈，有时努力消除一切可能瓶颈，保持各环节能力与资源处于相对冗余状态，以备不时之需。这些均不失为一种使系统发展更为良性，或者说更能确保整体活着/不死的有效做法。

第2章　心身涵养

根据前面的讨论，不忘初心论战略，其出发点为“活着/不死”，基于“怎么才能活”或者“怎么才不死”的考虑，企业的持续生存发展可从关注忘我利他的行动入手，如此才有可能保证激情专注投入，形成战略创意构想，创造顾客价值，产生市场成效。

具体地，从“三做”看，抓关键，守底线，回答了做什么的问题；特色、取舍、组合三出路，回答了如何做的问题；而以下将讨论的心身涵养，涉及自我超越、领导要诀、圣人之治、厚德载物等四个层次的决策者人生修炼，回答战略由谁做的问题。

毋庸讳言，所有的战略都由人提出并完成，而人尤其是决策者的心身涵养层次，将直接影响与决定企业战略的格局，前面提到的亨利·明茨伯格所指出的伟大战略家应该具备的创意或雅量，更是与决策者能否自我超越，从而广泛听取不同意见相关。

自我超越

自我超越的第一句话是“**改变假设**”。战略决策受观念或看法的影响，而观念受假设的影响。这里的假设不仅涉及对于人和事的判断，还涉及对于客观自然规律的解释。若能适时改变假设，换角度思考，就有可能清除内心的成见，实现真正的观念转变。

在管理领域，由于涉及人，而人与人之间存在着相互依赖与相互影响的关系。对于人与事的假设的改变，会导致人们心态与行为的改变，最终带来人际互动关系与战略行为结果的改变，也即存在着所谓的“皮格马利翁效应”或“人际自我实现预言”。

例如，一位营销员若觉得某顾客很好相处，对其真诚相待，顾客也感受到这一点，就更有可能回报以真诚，双方真的就比较容易相处了。反之，若另有营销员觉得该顾客不好相处，对其爱理不理，顾客报之以找碴等负面做法，双方就真的难相处了。

一个总认为自己想法高明的人，是绝对听不到也听不进去别人的好想法的，因为事实上他是不会认真去听的。对于是否有必要给人提议，管理上有着这样的说法，“听得进劝告的人也是不用劝告的人”。由此看来，不看具体对象贸然进言，可能会不太受欢迎。

将学习看成是“学”会提问，“习”惯养成，首先需要的就是改变假设，就是要在内心深处觉得有必要并且也值得去问，然后才是考虑怎么提问，怎么通过倾听从他人回答中吸取所需的信息，对自己的行为根据变化了的环境情况做出适应性的调整。

孔子说，“三人行，必有我师焉；择其善者而从之，其不善者而改之”。这里的“其不善者而改之”，是很容易被人们所忽视的。孟子说，“人之患在好为人师”。现实中，随着人的地位提升，不经意间就会变得说多听少，结果好像口才变好，听力变差。

自我超越的第二句话是“**观察倾听**”。通过广泛接受源自各种不同途径的信息，有助于拓宽决策者的视野。“兼听则明，偏听则暗”，实际上还可以在后面再加上一句“不听则迷”。相对来说，处上位的成功者往往更习惯于发号施令，而忽视观察倾听。

通常来说，作为老板的企业家，若没有自知之明，不愿倾听他人意见，其身边自然就不会有人愿意主动向其提建议，长此以往，企业发展的潜力就完全受制于该企业家个人的能力。令人庆幸的是，从理智上看，真正不愿观察倾听的企业家是很少的。

问题在于，人们的即兴反应更多地受到情感的影响。听到与自己相同的看法，更容易产生共鸣感觉；听到与自己相左的观点，无意中会产生排斥情绪。而实际上，就提供决策参考来说，相同看法是原本已知的，相左观点才是原本不知，更需要听取的。

从感性上看，人们更愿听“真的好话”，而不愿听“逆耳忠言”，甚至还会在无意中将持异见者当异己。对于异己，人之本能反应就是想清除，难怪许多领导即使在主持名义上的征求意见会时，也会一听到有不同意见，就会出言争论，甚至厉声指正。

从“生于忧患，死于安乐”的角度看，离开了不同看法与观点的质疑，长期处于舒适感觉之中，组织就会由于缺乏压力与挑战，变得没有激情与活力，甚至显得有点死气沉沉。无意中，人喜欢待在舒适圈中，这样看似一切受控，让人感觉特别安全放心。

要跳出自己的舒适圈，必须坚持这样的信念，将异见当卓见、高见，持不同观点的人能让自己更快速提升！在人际交往中，想借助公开讨论辨明事实，除非大家相互信任，组织有平等争论的文化氛围，否则，真理不仅不会越辩越明，而且还会越辩越糊涂。

更为严重的是，许多情况下，即使最后能够争出是非对错，也会在无意中伤害到参与各方的情感。有人说，争论有输家没赢家，最好不要争论。赢了争论，自己感觉有面子，让朋友没面子，结果会输掉朋友；输了争论，自己直接丢面子，自然也是输。

如何做到更好地倾听？可对战略三假设提问，对他人的回答少加主观评判，借鉴佛教内观修习的方法，就是以纯静的平等心去觉知他人所讲述的东西，而不是以个人的经验、知识甚至谬见或妄想，去评价、判断他人的观点，试图对他人所述下是非对错的断言。

要学会不评判地倾听，需改变自我行为习性。许多针对企业家领导习性的培训，如总裁教练、私人董事会、世界咖啡馆等，在培训情境中，与教练、与同行交流时，人们似乎能够做到平心对话与倾听，只是一回到企业，与下属对话时，就很容易故态复萌。

作为旁观者冷静思考，大家都知道，真诚的倾听，特别是领导者的倾听，其行为本身就传递了信任、尊重、关心、认同。倾听交流，有时还需要相对适合的时间与空间。正式会议，正襟危坐，或者，七嘴八舌，嘈杂喧闹……类似这样的环境显然不行。

在没有工作或功利压力的氛围中，人们更有可能自由充分地交换想法。正因为如此，有事没事的闲聊，更有助于建立信任关系；在做出重要决策前，更需私下里的交换意见；看似有凝聚力的激情团队，会给异见的表达带来无形的压力，从而易致群体盲思。

“理可顿悟，习须渐成”。这反过来说明，除积习难，除心魔更难。现实中，一方面，人们心中存在的各种内隐主观假设，会在有意或无意中干扰有效的观察倾听；另一方面，许多人真的不知道如何正确引导，以使得别人愿意提出与自己的不同看法。

有企业老板说，每次开会前，都提醒自己，要注意多倾听不同的意见。但其下属却觉得，他根本不想听意见，而更想证明自己是正确的。原因在于，该老板的无意识本能反应，一听到有不同的意见，就很想抓住机会，通过相互争论，最后弄清到底谁对谁错。

这里问题在于，由企业老板的身份角色所决定，只要涉及是非对错争论，下属一般不会也不太愿意与其冲突。开始时由于不明就里，或许会与老板争论，后来发现老板总有点认“死理”，也就只好表面“服输”，再后来遇上类似情况，就以沉默回应。

另有私企老总谈到，他很想听下属的意见，可这其中有些人似乎故意作对。他举例说，有次开会讨论员工如何以企业为家，不曾想，一开始就有人提出：“要让员工以企业为家，首先企业要像个家。”他一听，就觉得此人是心中有意见，故意借机捣乱。

为此，该老总马上接口说：“今天不讨论企业如何像个家的问题。”此话一出，讨论会顿陷僵局。事实上，该老总若能逆向思维，问一句：“你觉得企业怎样才能像个家？”也许最终讨论得到的结果，对于回答“员工如何以企业为家”的问题，并不冲突。

要做到真正的倾听，领导必须有自知之明与自我约束。领导太愿表达自己的看法，组织中就会有太多的人，倾向于揣摩与迎合其观点。对于领导来说，实现自我超越的最大挑战，或在于约束自己，少说多听，有雅量与耐心，接纳各种不同意见的发表。

例如，主持会议时，不听完所有人意见之前，决不先发言，以免自己的率先发言，被下属误解为决定已经做出，从而在无意中放弃了自己原本可能会表达的不同看法，更有甚者，还可能会使初始设想的讨论会，演变成为下属支持领导观点的表态会！

领导是否真的从善如流，不看其如何说，而看其如何做。有的领导主持会议，征求人们对某些事的看法，听到不同意见，往往别人才讲一句，他就会用几十句话来解释自己观点的合理性。这表明，领导不想征求意见（倾听），而更想做指导（说教）。

自我超越的第三句话是“**感悟运用**”。将借助于改变假设、观察倾听所接受到的真知灼见，与自己所面对的具体情况相结合，通过创造性运用，就可起到改变战略做法、进而提升战略业绩的作用。这里的“感悟”，要求的是用心去体会，用脑去思考。

显然，自我超越，不能仅仅停留在改变假设、观察倾听以及感悟上。现实中，各种好想法并不稀缺，稀缺的是将好想法转变为人们可接受的实践的能力。“纸上得来终觉浅，绝知此事要躬行”。行胜于言，听过看过，不如真正做过，心动不如行动。

研究表明，人们的实际行为，会更多地受当下情感欲望的主导，而不是理性分析的支配。这意味着，理性之知可能管不住感性之行。受短期欲望、动机强烈支配的行动，可能偏离长期价值评估认定的方向。对此，必须通过不断的行思实践修炼加以调整。

自我超越的最后一句话是“**交流提高**”。通过群体互动与分享，可促进团队或组织学习。自我超越的前三句话，主要涉及个体层面，而这最后一句话，关乎组织整体。人类作为整体，通过相互“交流”，可加速经验与知识的积累进程，成为生存适者。

任何个人的体验与经历总是有限的，个人的学习自然也带有局限性，再加上网络时代的信息爆炸与泛滥，更加剧了人们信息识别处理的压力，也许积极的群体互动交流，可以有效地缓解个人及组织的这种瓶颈压力，最终提升组织整体的协同创新能力。

实践中，推动信息交流、知识共享、群体学习，需要有相应的组织制度与文化，为畅所欲言提供激励与保障。例如，在一个实行末位淘汰，内部竞争激烈的企业中，是很难形成经验交流的宽松氛围，而更有可能出现报喜不报忧，甚至相互拆台的情况。

自我超越四句话 16 字，真正的操作难题在于，如何成为人们的无意识行为习性。因为，唯有习性，才可扎根。许多东西，要达成有意识层面的知道与理解，似乎并不困难，而要变成无意识层面的行动，成为人们行动与思考习性的一部分，好像很不容易。

例如，微信中有很多帖子，写得非常好，在行动上做到，很不容易。毕竟人或组织都有行为惯性，接受与学习新东西，形成新习惯，自然需要改变与调整原有的惯常做法，这会在人们心理上激发出抵触情绪，结果成为做出“适应性行为改变”的无形阻力。

达成适应性行为改变，是学习的本质要求。有企业副总说，他们的老板读了 EMBA 以后，就更听不进不同意见了。还有副总说，他们的老板读了 EMBA 以后，有一个最大的好处，就是现在不管老板说什么，他只要回答“OK”就可以了。这都是为什么呢？

按理说，通过学习，应该能够让人变得更为谦卑，更加心态开放，怎么会变得更加自以为是，更为自我封闭呢？原因在于，书读得更多后，在无意识中，人们会不会觉得自己懂得更多了，变得更加聪明睿智了，因而在决策时也就自然更为主观武断了呢？

由此可见，学习若不触及行为，没有修炼到习性改变，而仅仅停留于感性本能层面，可能真的会越学越受害。互联网时代，去中心，去权威，去边界，每个人自成终端，了解无穷的信息，如果不用开放心态去迎接这种变化，领导又怎么能跟上时代步伐？

学习新的东西，接触陌生事物，做出行为改变，总会伴有不适。理性上人们都清楚，倾听更受益，但感性上人们更喜欢倾诉。习惯了指点、评判人家，就容易忘了自我反思与接受批评。从这个角度看，“老板超自傲，企业将乱套”的说法，不无道理。

领导要诀

战略决策者的涵养修炼，不仅涉及自我超越，还涉及与人的互动关系处理，这一点与领导作用的发挥密切相关。为此，综合有关领导理论，针对许多企业规模一大，就易出现战略失调的问题，特给出“领导要诀 30 字”，以供作为领导言行修炼之用。

关于“领导要诀 30 字”，人们理性上很容易认同，因为这有助于营造良好的敬业、乐业工作氛围，但在感性上却不容易落实，因为这与人们的习惯做法有点相悖，须通过持续的逆本能理性修炼，才可慢慢地将其转变成为人们无意识或潜意识的直觉行动。

七字诀：“对不起！是我错了。”

领导勇于承认自己的错误，下属才会指出领导的不足，企业也才有可能回避战略决策上的重大失误。在这方面，从小到大发展起来的企业，所面临的挑战最大，过去的成功会使这类企业的领导，更易受到其下属员工的尊重，因而也更为盲目甚至过度自信。

现实中多见“老板生病，员工吃药”。过度甚至盲目自信的领导，一般不太愿意承认自己的不足，出了问题总会从别人那里找原因。这既不利于创新思想的形成，也加大决策失误的概率，更不利于企业内坏消息的及时上报，严重的会累及企业的生存。

勇于承认自己的错误，对领导来说尤为重要，因为，对于一个从不认错的领导，将不会有人指出他的过错，从而也就使他失去了通过他人提示学习改进的机会。面对不确定的环境，领导勇于承认错误，还有助于在企业中形成试错迭代的创新学习氛围。

中国谚语说，聪明人从错误中学习，更聪明的人从别人的错误中学习。有些人看到别人犯错，觉得是别人傻，而自己比较聪明，不会犯同样的错误，因此不必吸取别人犯错的教训。犯错需付代价，承认错误会丢面子，勇于承认错误，需要理性修炼。

例如，某公司决定并购一家企业，当时有人质疑，该公司总裁接受记者采访时说："人家的错误，我们不会重犯"。事后表明，并购彻底失败，他回过头来认识到："企业发展的有些阶段是不可逾越的"。头撞南墙，终获教训，该公司付出了沉重的代价。

企业或人生过程走的都是不可逆的单程路，在每一阶段该做点什么，所遇的决策实际上都是一次性经历，也就是无经验可循。德国谚语说，经验是愚者之师，理性是贤者之师。这是为什么呢？只有破除经验主义，人才会有敬畏心，心态开放，谨慎前行。

六字诀："你有什么建议？"

领导主动提问，可广开言路，吸纳好建议，以作为企业战略决策的创新思想来源。身为企业领导，经常对下属作指示、提建议，无意之中就会变得更喜欢说而不太注意听，甚至在企业内部召开征求意见的诸葛亮会时，也倾向于搞一言堂。

对此，下属心中自然清楚，领导其实只想作报告，发表他自己的看法，绝对不想听他人的意见。从而得出结论，自己讲了也没用，提了建议领导也根本不会听，长此以往，就是真的有了什么好想法时，也不愿对领导谈，而只是被动接受领导的各种指派。

这样，就更使领导认为，员工只是自己心目中的"听话"工具，并由此主观武断地认为下属无能，提不出什么好建议，企业根本没有什么人才。实际上，这种情况的出现，问题的根源还在领导自己的身上，不妨从主动征求下属想法切入，试着做些改变。

五字诀："就照你的办！"

注意倾听下属的建议，不能只是表面上做姿态，重要的是在听到好想法时，能够真心积极地给予回应。领导肯定了下属提出的想法，支持下属按自己的想法实施，可给下属带来成就感，激发出创意激情，从而有兴趣，进一步提出更多、更好的建议。

领导的支持与肯定，可以提升下属的参与意识，使他们工作时更具主动投入精神，这会反过来推动领导自身意图的贯彻。让每个员工觉得，企业的成功与自己提出的建议相关，可提升他们的主人翁精神，达到这一点，正是许多企业家所追求的管理至境。

四字诀："我们一起……"

在领导的肯定下，员工按照自己的建议，以主人翁的精神，积极组织实施，在此过程中，可能会碰到一些预料之外的困难，此时，领导要与员工站到一条战壕中，以"我们一起"的姿态，及时给予适当的支持、鼓励与帮助。

对于实施过程中出现的问题，如果领导袖手旁观，认为谁提出方案，就该由谁负责解决，如果解决不了，就该追究方案提出者事先考虑不周的责任，那就很容易在员工心中形成"多一事不如少一事"的想法，如此一来，企业中自然就没人会主动提什么建议了。

经常采用类似"我们一起……"的说法或做法，而不是强调"你自己去……""我自己来……"等，如此给人机会，给人信任，给人支持，还有额外的好处，就是能更好地调动员工的积极性，有助于形成团队合作氛围，将领导自己从事必躬亲中解放出来。

三字诀：“干得好！”

对于下属完成的工作，要及时给予正面反馈。任何人都希望自己的工作能够得到他人，特别是领导的及时认可。有人认为，认可是最强有力的激励工具，而且几乎不需要任何成本，所以，领导应该学会如何毫不拖延地及时认可员工的卓越表现。

适当认可员工的努力与能力，不仅对该员工本人是一种激励，对于组织来说，还可以起到将优秀员工的默会性知识与技能在组织内传播，从而带来员工整体技能与素质提升的作用。显然，这对整个企业的长期发展来说，就是一种额外的收获。

考虑到对于员工业绩的正式认可，通常会受考核评价周期等因素的影响，不可能在员工取得业绩的当时，就能迅速及时地做出响应。为弥补正式奖励在及时性上的不足，在工作现场，若发现员工表现不错，领导可采取灵活方式，适时给予鼓励与表扬。

表扬应该针对具体的人与事，要善于发现员工的个体特色，结合员工的具体行为，对其确实做得特别好的方面给予积极肯定，以表示领导对员工的细致关注与尊重，如此做法更能起到满足员工心理需求的作用，这些效果是一般物质奖励所不可能达成的。

二字诀：“谢谢！”

对于下属为企业所做的每一件事，从领导的角度来看，应该心存感激之情，而不应看作是理所当然。领导与下属的关系，若简单化地变成“我指挥、你干活”，那么除了工作之外，对于员工的尊重，对于其人生价值，就容易在无形中受到忽视。

“人为赚钱而工作，但是为了得到承认而活着”。有时钱搞不定的事，动之以情能搞定。用人要情理兼顾，留人首先要留心。领导以心换心，以真情换真情，更有助于与员工建立真诚平等的人际关系，从而提升员工的向心力，增强企业的凝聚力。

一字诀：“请……”

对于企业员工，特别是高层次人才，领导若采取简单粗暴的命令式做法，比较容易引发他们的不满和抵触情绪，从而会对领导有意无意地产生敬而远之、敢怒不敢言的想法，显然，这是不利于其工作主动与创造精神的发挥的。

许多企业为引进高层次人才，通常较为关注薪酬水平等有形的物质待遇的改善，对无形的精神文明环境的建设却不太注意，其内心深处甚至有意无意地存在着“有钱能使鬼推磨”的想法。故此，现实中多见“引进之前是人才，引进以后变奴才”的情况。

无字诀：微笑（两个字）。

令人愉快的工作环境，不仅包括有形的物质环境，而且还包括无形的精神环境。营造能让人忘我投入，积极创新的宽松工作环境，领导在其中起着主导的作用。在这方面，有时领导即使什么都不想说，只要经常面带微笑，就能起到简单有效的感人作用。

真诚的微笑，能舒缓压力，愉悦身心；可化解怨恨，促人平和。在心情愉快的状态下，人们的工作热情、积极性、主动性与创造性等，都有可能得到更好的发挥。有研究表明，业绩最佳的商业领导人与普通领导人相比，逗人开怀大笑的机会要高出三倍。

人的情绪具有相互感染性，领导的乐观情绪会影响到员工，进而通过员工影响到顾客，也反过来影响到领导自己。微笑的领导，能培养出微笑的员工，并使员工对于顾客的微笑服务变得轻而易举。在这里，营造让人笑得出来的整体环境，尤为重要。

以上所介绍的“领导要诀 30 字”，不仅适用于领导，也适用于员工，还适用于一般的为人处事，因为其中所表达的深层理论含义，涉及了管理沟通、团队合作、组织授权、报酬激励、人才培养、自我超越等多方面的内容，具有一定的普遍适用性。

现实运用“领导要诀 30 字”，不在于表面形式，而在于内涵实质。例如，具体运用时，最好采取相应企业中员工习惯的语言表达方式，以更接地气、更易施行。易说、易做，更能常说、常做，将企业战略想法转化成落地行动，如此才更有可能取得实效。

例如，某公司曾先后上任过两位极具典型特点的老总，他们都拥有名校的 MBA 学位，其中一位满嘴谈战略，下属不知所云，最终一事无成。另一位嘴上很少提战略，常与员工交流具体做法，将战略构想细化落实，步步推进，使得预想目标自然得以实现。

领导角色的修炼，不同于纯粹个人自我超越，除了需关注释放个体潜能，更需重视整体活力提升。从个体看，关注独特个性，提升能力与才干，让人做事投入并取得成果；从组织看，不忘初心活着/不死，关注整体合力，在时间变化中实现持续生存发展。

变化，变异，是生存压力与活力之源。主动顺应环境变化做出适应性行为调整，组织需要克服人们安于现状的倾向，消除人们对于变革的抵触情绪。任何变革都是有阻力的，毕竟变革会打破现有稳定格局，冲击现有名、利、权关系，引发未来不确定振荡。

对于战略变革领导者来说，若想有效地推动变革，必须充分评估自己及支持的力量，看看是否足够。在变革力量不足的情况下，贸然发动战略变革，往往很难见效。此时，可以采取的做法或许是，少说多做，一步一个脚印，低调渐次地推进变革行动。

圣人之治

决策者的心身涵养修炼，从自我到领导，体现的是从个体到组织的提升，如果将此层次再提升，就需要把握自然天道，以做到真正的顺天应人。从本质上看，人类作为生物的一种，其个体与整体的行为动态与习性传承，均受到了生物学特征的影响。

从生物学看，种群的遗传、变异、选择，个体的独特、出现、消亡，本质上都受到生存压力、竞争淘汰、适应或自然选择的影响。人类也不例外，具有一般生物的显著特征，个体、种群、区域、国家等，天然不平等，资源稀缺，生存竞争，不可避免。

即使人类社会演化到了今天的地步，科技发展达到了空前的水平，“弱肉强食，适者生存”的局面，也还是毫无改变。世界各国之间，甚至许多发达国家内部，都存在着贫富差距加大的情况。人类理性上追求和平，希望和谐共处，残酷的现实却是冲突不断。

詹姆斯•马奇认为，争抢第一，多多益善，角色不同，会导致冲突永恒。其背后的深层原因就在于，人们对于名、利、权的贪婪追求，永无止境；满足欲望，会激发出更大更多的欲望。这就是动物生存竞争的人类升级版。冲突无法减少或消除，就只能疏导。

作为战略整体思考，既然社会供给能力永远不可能满足不断增长的欲望，那么至少应该注意，要将资源用于社会真正所需，将民众的追求导向更有助于持续生存发展的方向，少在无意中激发人们不切实际的欲望，这也正是以下所提的“圣人之治”思想。

《老子》指出，“不尚贤，使民不争；不贵难得之货，使民不为盗；不见［xiàn］可欲，使民不乱。是以圣人之治：**虚其心**，**实其腹**，**弱其志**，**强其骨**。常使民无知无欲，使夫智者不敢为也。为无为，则无不治。”“夫唯不争，故无尤。”

对于以上提出的圣人之治 12 字“虚其心，实其腹，弱其志，强其骨”，从系统思维的角度看，考虑到瓶颈永远存在，为了减少志向远大可能产生的负面影响，也许唯一可行的做法就是，适当把控自己的欲望，不要太过于满负荷，尤要防止一味求大，以免因资源、市场、能力不足而致企业运行失控。

从生存竞争看，对于实力不强者来说，虚心，弱志，表现出不争的姿态，让对手根本发现不了其存在，即使见到了，也不会引起充分的重视，自然可以为自身赢得更大的生存时间与空间。这就是老子的水性管理，居下不争，天下莫能与之争的思想。

对企业内部管理来说，“虚心，实腹，弱志，强骨”，可让人保持开放的心态，更好地接受各类决策所需的信息；关注人们的真正需要，免除其生存后顾之忧；去除人们的痴迷执念，更易获得内心平和喜乐；提升自身实力，为生存竞争做好充分准备。

隐藏自己实力，不显山露水的做法，也体现了长期生存发展所需秉持的底线思维原则。如此修炼，据此行动，顺势而为，居下不争，利而不害，更易久远。反之，心浮气躁，壮志凌云，急功近利，废寝忘食，疲于奔命，可能更易被自寻烦恼而累着。

特别是在互联网时代，信息透明，分享公开，若想关心天下大事，希望多参与议论，渠道很多。只是如此积极行为，最终是否会影响自己的淡定做事？认知心理学有“知道的烦恼”之说，若个人心智涵养不够，许多事不知、少知、不掺和，或许更好。

心大志高，知道的东西一多，难免有言说甚至做点什么的冲动，否则就有“忍着”的难受，而人的能力总是有限的，许多情况下整体发展的条件、时机等不成熟，仅靠局部个人的言、行、忍，都将无济于事。如此看来，还不如少庸人自扰，可能更妙。

古人说，“察见渊鱼者不祥，智料匿隐者有殃。”佛教修炼，讲究六根清净、六尘不染，这是对人性之心理本质的透彻把握。许多情况下，做不到“难得糊涂”，装鸵鸟看起来很阿 Q，但从实际效果看，也不啻于是一种看似有点无奈却很不错的睿智选择。

看似偶然的历史事件，总会在局部个体的无序布朗运动中，累积达到一定程度后必然爆发，这是大道无痕。老子所说的“天之道，损有馀而补不足。人之道，则不然，损不足以奉有馀。”名、利、权的厚积，会通过跨代甚至当代的轮回，自然复归平常。

每个人的时间、精力，或者说大脑的注意力、身体的行动力总体上稀缺有限。在过多关注或做一件事的同时，很难再花时间与精力，同等程度地关注或做好另一件事。所以，“虚心，实腹，弱志，强骨”，会更有助于精力聚焦，专注特色，创新突破。

企业做到各具特色，业态才可繁荣多样。生态学家早就发现，共存的物种必定具有生态学上相异的特性，或者说只有在生态学上相异的物种，才有可能共存。由此可得所谓的“竞争不相容原理”，也就是说“两种以相同方式谋生的物种不可能共存”。

各具特色的企业，可错位竞争，形成共生。社会良性互动，需少点英雄情结，多点平民思维；少点心思关心太过宏大遥远的难事、大事，多点精力专注可做能做的易事、小事。大家各自“图难于易，为大于细”，或许更能带来个体内心充实与整体社会发展。

或许有人会说，虚心弱志，太没理想。“不想当将军的士兵不是好士兵”，听起来的确很有气势，只是现实操作难题在于，如果每个士兵都想当将军，最终又由谁来安心当士兵呢？将军的岗位总体上又是那么的少，这不是人为提升欲望、制造麻烦吗？

企业管理中，也有人说，“不想当老总的员工不是好员工。”只是问题在于，每个员工都想当老总，一个企业可设几个老总？现任的老总不担心吗、会愿意吗？这些提法的本意，也许只是希望下属工作时要有全局观，但全局观并不是人们想有就可以有的。

考虑到注意力稀缺有限，试想这样的情况，大家都忙着关心国家大事，那么又由谁来做好平常小事呢？是靠领导现场办公吗？如果真的是这样，岂不是领导与群众的角色易位，大家都变得有点不务正业、忘了职守吗？所以，敬业做好本职工作才是根本。

“不在其位，不谋其政。”设想一下，对于关乎国家生死存亡的大事，那些经过层层历练，逐级竞争达到高位的人，如果说他都没有智慧与能力去驾驭，一般普罗大众又怎么能够自认为更有高见呢？所以，在什么层级，做什么工作，或更具现实可行性。

最后，再说一下“实腹，强骨”，这两者相互补充，构成体魄健全的基础。无论对企业还是个人来说，基于持续生存发展考虑，解决了活得了的实腹问题，如果变得饱食终日，无所事事，甚至走火入魔、自甘堕落，显然最终是很难保证活得好、活得久的。

强骨，能帮助人自立于社会，有体力与精神做实事，这是“怎么才能活”的基础，也是持续生存发展的根本。如此看来，强骨，就是抓关键，让企业或个人具备活力、繁荣、适应能力；而实腹，则是守底线，就是让企业或个人保持健康、安全、不死。

实腹与强骨，对于任何社会与个人来说，都是必需的。从逆向思维看，作为领导者，没有解决好员工的实腹与强骨问题，整个组织也就没有活力与健康的基础。不忘初心论“活着”，实腹强骨好体魄，这与以下讨论的厚德载物好精神，互为补充，不可偏废。

厚德载物

前述的自我、领导、圣人的修炼，涉及治个人、治组织、治天下三个方面。作为进一步的思考，还是绕不开“凭什么”之问，这就是前面讨论战略初心“活着/不死”时，提出的“怎么才能活”“怎么才不死”问题，长期看，必须有人之德性的支撑。

企业经营，人在社会，都会与其他主体产生互动联系，如果举止无德甚至缺德，就容易导致众叛亲离，最终或成孤家寡人，这样显然无法融入环境，更不可能行久走远。所以，企业持续生存发展，决策者的行思与心身的修炼，都离不开“德性”的指导。

德性修炼，本质上涉及人与人、人与社会、人与自然等关系的处理，怎么才能和美、协同、持续？我国传统文化有各种提法，例如，儒家的亲民至善，道家的无为循道，佛家的慈悲解脱等，尽管表述形式互有不同，但在对于德性的本质要求上却并无二致。

从行动落实上看，德性修炼的本质，似乎都涉及“忘我利他”，这是大德、大道所在，是实现持续、永生、不朽的不二选择。据传，古代越王勾践故事中的范蠡，为官能做到功成名遂而身退，经商可三致千金而散尽，就被后人称颂为“富行其德者”。

类似范蠡，后人尊称“商圣”。无论处战乱还是享太平，无论从政还是经商，为人还是做事，面对生死存亡，得失取舍，都能进退自如，淡定洒脱，司马迁称其“三迁皆有荣名。”可见，个体生命有限，德行精神的传播，或可做到无限、久远、永续、不朽。

以德为立身图强之本，采取忘我利他行动，既需自强不息，积极进取，创造更多价值，争取更好活着；也需厚德载物，知止不殆，消减无妄之灾，确保尽量不死。由此可见，厚德载物，是战略抓关键与守底线这一两仪招法，在处理社会利益关系上的体现。

现实社会中，战略德性修炼，要求权高自重，富行其德，这是企业稳健经营、持续盈利发展的基础，如此才可做到在外物诱惑与内欲冲动中保持淡定，坚守底线防失控。但丁有句名言：道德常常能填补智慧的缺陷，而智慧却永远填补不了道德的缺陷。

从生存竞争看，作为弱者，无须自律，其行为都会受周遭制约，不可能任性妄为。对于强者，拥有相当的力量，或能影响甚至决定他人的命运，此时，若缺德性修炼指导，就极易在无意中做出损人利己之事，如此行为的长期后果，定然是会自食其果的。

古话说，德不配位，必有灾殃。对于强者来说，德性修炼，是逆本能的理性自律过程，需要毅力、恒心与坚持，这对于人性来说是一个挑战。企业赚到钱，地位上升，实力加强，如何注意行为自律，适当运用自己所掌控的影响力，这同样会成为挑战。

随名望、财富、权力提升，若无德性自律修炼，缺忘我利他之心，人就会在无意中变得越来越强势、越自我。关注战略厚德载物之修炼，要求人们心中清楚，没有制度约束的权力，很容易导致道德沦丧，缺乏道德自律的制度，很容易滋生堕落陷阱。

自我，强势，本性大爆发，此时，在名、利、权的作用下，人就会变得更为任性妄为。例如，有巨额财富，缺乏德行能力，就不仅掌控不住，而且也承受不起。财富多了会被人惦记，没有能力就难守御，缺德易自败，如此最终就可能被自己的财富所祸害。

财富的创造，需要众人同心协力；财富的分配，需要道德品性提升。处理好财富分配的关系，实现长期互惠共生，降低冲突及由此导致互损的风险，规避企业致命陷阱，这种涉及合作共生的德性智慧，人类天生还不足具，需要后天努力，不断感悟修炼。

就战略决策者个人来说，成为有德之人，能够具有更为超脱与通透的心境，可对人、事、物的内在规律及其变化具有更强的洞察力。就企业组织来说，借助于制度约束与道德自律的共同作用，可使企业及个人的决策行为变得更为淡定，做到抗诱惑、少烦恼。

只是在实际行动中，做到这一点并不容易，尤其是在面对外部各色诱惑与内心欲望涌动时，情况就更是如此。德性修炼，落实到行动中，就是如何在生存竞争中，做出适当的判断选择，解决企业与人生这一有机体所遭遇的、不可逆的生命过程系列决策。

这种系列决策，最核心的就是，要还是不要？做还是不做？也就是有所为，有所不为，做加法还是做减法？特别是，多种选择相互冲突，无法兼顾时，就更让人纠结。此时到底该遵循怎样的轻重缓急、排序排期准则？这关乎企业战略决策的价值观定位。

价值观定位的挑战在于，多元价值追求难兼顾时如何取舍抉择。比方说，想盈利，水平做到行业第一了，但是规模不是最大，接着还想将规模做大，也成为行业第一，若能做到，当然不错，但若不能同时做到，如何决策？是盈利为先？还是规模为先？

有人说，市场经济按规则运行，不讲伦理道德讲规则。在此必须指出，按规则运行没错，但是规则本身可变，由人制定，也可修正，这是需要讲伦理道德，受到伦理道德指导的。例如，需保证最终制定的规则，能够促进公平竞争，有助于提升业态活力。

任何组织，运行主体都是人，个人或组织的内隐决策原则，需要讲伦理、有道德。例如，对个人来说，作为人格自律，要求即使目标高尚也不能不择手段。更多关注尽责，关注行为底线，至少能够利己不损人！对于组织，需以制度来保障高尚道德行为。

在这里，即使目标高尚也不能不择手段，是战略经营的底线。手段不合规，易引发法律风险甚至把自己送进监狱。在企业赚到钱的情况下，不仅要注意合法合规，还要关注合情合理。守法经营者，千万不要赚钱后，最终因为恣意妄为，反把自己弄违法了。

前面提到的德性修炼，“为富当仁，权高自重”，这是为什么呢？有句话说得好，“当你周边不开心的人多了的时候，你自己的好日子也到头了。”为富不仁，权高妄为，到处结怨，四面树敌，就易把周边的人搞得不开心，这样做会有什么长期后果呢？

结怨树敌多了，如果还不自知，那麻烦就更大了，最后可能被谁害了自己都不知道。因为，随着企业生意做大，财富积累，与社会接触的边界就会变宽，如果不能照顾到别人的利益，只是一味运用市场力量，挤压别人的生存空间，最后冲突爆发不可避免。

位高权重者，都很有权力，几乎无人可约束，如何防止贪婪腐败？无论在政府机关，还是在企业部门，制度建设都很重要。挑战在于，对处高位者来说，许多制度都是自己制定的，若无德性修炼，缺少自律精神，可能定下的制度到处留有后门，终将自己害了。

由此可见，德性修炼看似在谈高大上的东西，对人提出了太高的要求，实际上，从长期看，这里所关注的是底线思维，不是为了高尚，只是为了不死，不入魔障与陷阱。对企业来说，就是关注持续生存发展，对个人来说，就是内心淡定、抵御冲动诱惑。

有时，面对巨大的商业机会、更大的利益诱惑、更高的名位影响，本能的冲动会打破理性的淡定。但须看到，悖德之行走不远、走不稳，作为人生或企业经营，不忘初心，最后的底线仍须坚守：少进医院与法院，绝不将自己送进地狱与监狱！

总之，企业战略抓关键与守底线，行胜于言。战略行思与涵养的修炼，要在具体项目实施中体现。项目经由流程、组织、人员来完成，需要不忘初心“活着/不死”，解决“三做”决策，朝着“三活”目标前行。作为过程指导，可关注“三心二意一平衡”。

这里的“三心”是指，“平常心”为人，得失不惊，以排除思维定势，防止因情绪冲动而丧失原本的理性；“敬畏心”做事，对未来变化保持警觉，防患于未然，小心驶得万年船；“进取心”修行，注意到过去的经验可能过时，不断学习更新做事能力。“二意”是指，重视“顾客意”，把握当前及潜在顾客的需求与欲望变化；明确“企业意”，做好企业自身使命、愿景与目标定位，以达成顾客与企业的互惠共生。“一平衡”，就是确保企业经营所在业态的长短期、跨职能、上下游的现金流平衡！

第二篇

业务战略

——生存、盈利基础

主旨：生存

问题：为啥有回报

对策：专注与创新

本篇讨论业务战略，针对一个具体的产品或服务，考虑怎么能够做扎实，即使遭遇竞争，也仍然能够“活得了”，因此，业务战略也称竞争战略。而下一篇的公司战略，主要涉及多业务的经营管理，重点关注的是“活得了”基础上的“活得好”问题。

业务战略，关注企业生存、盈利的基础，着重讨论怎么将业务做扎实，也就是如何做实事的对策，以下讨论将回答这样一些问题：业务优势的根本来源有哪些？创造与保持优势有哪些基本做法？专注与创新的关系是什么？加强企业实力可从哪些方面着手？

导语
——竞争优势是什么

考虑到资源稀缺，活着不易，所谓优势，从来都是相对的。生存竞争中，至少能够做到不被淘汰，才可说有一定的优势。从这个角度看，讨论优势，隐含所指的定然是竞争优势。对企业来说，要使业务有优势，能够“活得了”，需弄清“为啥有回报？”

优势是什么？

对于企业战略决策来说，作为整体思考与行动，最紧要的是弄清“怎么才能活”，也就是说明“为啥有回报”，怎样才能可持续生存发展。说明为啥有回报，对企业来说，也就是回答“为啥能赚钱”，但谈“回报”与直接谈“赚钱”，感觉似有不同。

谈“回报”，就得想一想，需为别人做什么，这会促人多些忘我利他考虑。而直接关注“赚钱”，或许更有可能让人在无意中变得见利忘义些。回答为啥有回报，至少涉及三方面：市场有需求，企业有实力，并且愿意干。这也就是战略“三假设”。

当然，对于“三假设”，可以不断追问，以最终弄清源头情况。例如，市场有需求，可问依据是什么？出于客观调查，还是拍脑袋感觉？政府引导产业，优惠颇多，看似不错，但是一哄而上，结果会怎样？能否持续快速增长？是否会因竞争加剧被淘汰？

具体地，若问任何一家企业，无论是制造、服务、信息、互联网等，为什么有回报？也许会谈到资源禀赋、核心能力、产业发展、商业模式、跨界竞争等。但归根结底都会涉及，回报是怎么来的？凭忽悠、运气、遗产、实干等，哪个更靠谱些？

所谓靠谱的回报来源，指的就是竞争优势的基础，就是企业的实力所在。企业活得了，必须有回报，为啥有回报？或许人们会说有优势，那么优势又是什么呢？凭政商关系？除了关系还凭什么？

如果这种关系难以长期维持，那又可凭什么获得回报？

获得回报需有做实事的本领，而这又靠什么？要有实力支撑，那什么叫实力呢？似乎又回到了其在现实竞争中的表现，口碑、市占、品牌、质量、研发、创新、人才、资源等。那又该如何评估或衡量一个企业有实力呢？盈利，净现金流，忘我利他精神……

情况在变化，天灾人祸，技术突破，同行竞争，跨界创新等。原有的市场需求，可能出现波动，变得相对不稳定，甚至还有可能彻底消失，转移到新的此前未知的地方。在生存竞争与自我折腾中，企业实力与使命也会适应顺变，此时又怎么谈优势？

如此看来，说清优势、实力，并不容易，如盲人摸象，若各执己见，想分对错，要定胜负，会有问题；若纯净觉知，不同观点，相互欣赏，和而不同，结果很妙。妙在可让人明白，不同视角，结论互异，弄清前提，对症下药，防患未然，才是战略核心。

变或不变，初心不改，均为活着。这好比医生看病，保健防患治“未病”，适时调养治“小病”，打针吃药治“中病”，手术抢救治“大病”。让病人活着、活好、活久，防患、调养、针药、手术，哪种方法更妙？效果怎么验证？哪类医生，病人最信？

实力怎评估？

内在实力的外在表现就是优势，那实力又怎么评估呢？这就有如对医生水平的评价，最容易看到的是，药到病除，妙手回春，而不是调养，更不是防患。但光看成败表象，难经时光考验。例如，《基业长青》一书中曾提及的优秀公司，如今再看，多已败落。

就如真正高明的医生，提出对病人最合适的建议，很有可能反而不会被认同。许多真正从顾客角度考虑的企业，头上不一定有什么特别耀眼的光环，而许多荣盛一时的企业，其所采取的做法，对顾客来说，不仅可能没有实际益处，甚至还会带来伤害。

对顾客没有益处，从长期看，在激情过后，从被忽悠中醒来，顾客就会离去。企业必须寻找到新的忽悠办法，否则就会成为市场的弃儿。纯粹利用心理“种草”，神经营销，试图将顾客变“脑残”，甚至有点消费成瘾，从而赚取暴利，如此作为，恐难持久。

互联网时代，各种新概念层出不穷，类似粉丝经济，引众人参与，凭情感依赖，锁定顾客行为，形成消费热点，引爆市场需求，从而让顾客心中觉得，不买难受，非买不行。有人说，离不开的天堂是地狱。这种放不下的消费，就类似于毒品。

毒品不同于商品，就在于诱人却损人。缺乏忘我利他思想的指导，企业行为极易偏离顾客长期利益，能一时盈利，难持续远行。就如靠巨额广告投放建立的品牌形象，凭众人击鼓传花产生的投资效益，最终能够实际带给顾客的，都只是镜中花、水中月。

利用人性弱点，引导甚至误导顾客而致心理甚至生理依赖，如此创造需求，若实际产品或服务的性价比并无实料，几属坑骗。例如,能为央视巨额广告收入买单,却无力在产品功能与品质上投入,如此打造所谓品牌，本末倒置，名不符实，定无长效。

基于长效考虑，关注当下回报，追求眼前盈利，还必须注意不损及未来发展。那种通过挤压长线投资，降低成本支出，提升短期盈利水平的做法，例如，裁减品管队伍，减少研发支出，压低原材料采购价格等，尽管可短期增效，却会危及长期后劲。

基于持久竞争优势的考虑，企业需要高调做事，低调为人。高调做事，就是专注投入，能够做事到位高水平，如此可积累顾客口碑，创出品牌信誉。低调为人，就是藏智守拙，当隐形冠军，最好做到顾客熟知，而对手却不易知，以免引发不必要竞争。

高调或低调，怎么做更好？涉及外部产业与内部实力，不能一概而论。“人怕入错行，女怕嫁错郎”，隐喻环境重要；“天生我材必有用，是金子总会发光”，是指实力重要。创造优势，现实机会多变，经常有；发现机会的眼光，抓住机会的能力，很稀缺。

顾客为中心

讲优势，谈实力，离不开满足顾客需求。做业务，要扎根，有回报，凭什么？有研发力量，有营销水平，有市场能力，有成本优势，有价格竞争力，可以做到产品与服务有特色，也就是与众不同，但所有这一切，都必须想顾客之所想，最终能获顾客认同。

企业的所有回报，都是从顾客那里来的。讨论“为啥有回报”，就需要弄清“回报从哪来”，说明“为啥能赚钱”，而这一切都必须围绕以顾客需求为中心。正本清源，帮助解决顾客的问题，提供顾客真正所需的产品或服务，这才是业务战略的根本。

具体地说，顾客需求可表现在哪些方面？怎么发现或者创造顾客的需求？如何满足顾客的潜在及变化的需求？在创新进入新领域时，企业的产品或服务的独特性如何？怎么区别于现有的各种产品或服务？面对同行竞争时，又如何表现出相对的竞争优势？

从长期看，真正能够抗拒竞争的优势，通常来自相对的垄断，或者说能锁定顾客，防止竞争进入。具体地说，能够防止竞争进入的可能因素有：技术、品牌、关系、渠道、规模经济、网络效应，甚至线上线下联动等，难在做到专注顾客并能创新跟进。

防止竞争进入，就是创造壁垒或垄断，让别人无法或很难介入，这自然能够在一定程度上保持竞争优势。这种壁垒，无论是政治的、技术的、关系的、时空的、规模的，只要能够做到，让竞争者不容易抢走顾客，那就可以称为是一种持续的竞争优势。

当然，建立壁垒或垄断，必须合规合法，出于正当经营，不能走黑道，搞违法乱纪，这会违背战略的守底线原则。需要指出的是，在企业有优势，能够抗竞争，可以取得回报，也就是能赚钱、活得了的前提下，对盈利要有平常心，不能忘了顾客的利益。

以顾客为中心，要有忘我利他精神，以排除企业的主观预设。例如，不以自己心中之所想，来推测顾客需要什么，而是直接观察顾客，询问顾客想法，了解顾客需要什么；站在顾客的角度，思考顾客可能需要什么，提供试用产品或服务，以观是否顾客所需。

关注顾客，不仅要关注具体的顾客个体，更要关注顾客需求的实质。有时，具体购买产品或服务的顾客个体可能会变，但顾客对于产品或服务的需求本质常在。例如，每到三伏天，对于降温消暑的需求就会自然出现，而需求的具体区域及顾客个体或有不同。

对于许多企业来说，容易看到顾客作为人的客观存在，却不容易把握其需求的可能变化。关注顾客，更需关注的是体现在顾客言行背后动态变化的需求，这种需求可能是波动、涨落、不确定的，认清这其中的规律，才可能顺应与把握真正的市场脉动。

第 3 章　优势创造

对于企业来说，要建立优势，回答“为啥有回报”的问题，既可眼睛向外，看看哪些行业不错，通过借鉴模仿跟着人家走；也可眼睛向内，只需想想自己能做什么，通过创新探索闯出新路子。但不管是跟人走，还是探新路，都必须考虑满足顾客需求。

作为行业新手，企业跟着别人走，可以瞄准先手，借鉴已有经验，依样画瓢，快速赶超。而一旦变成行业领先，就无前人可借鉴，需自己探路，引领同行。华为进入世界 500 强，任正非就认为，要参与领路，必须以客户为中心，而不是以技术为中心。

以客户为中心，不仅要关注客户，更需关注客户的需求。具体地说，对于客户与需求，都可划分为现有的与潜在的。关注现有客户的现有需求，较容易；关注现有客户的潜在需求，以及潜在客户的现有需求，均属不易；关注潜在客户的潜在需求，更不容易。

关注顾客或客户（分别指消费者或中间买家，以下讨论不做划分），困难在于顾客及其需求可能动态变化。过度关注现有的顾客，或易忘掉潜在的顾客；过度关注顾客的当前需求，或会忽略顾客的潜在需求。潜在的顾客及需求，可能关乎企业未来生存。

一般来说，现实的顾客及需求，更容易被人们看到，吸引了更多甚至过多的注意力，以至于人们根本无暇关注其他的东西。潜在的顾客及需求，目前尚不存在，很难或根本不可能被观察到，尽管事关持续经营，若不刻意关注，很容易在不经意间被彻底忽视。

如何做到能够有意识地发现潜在的顾客及需求？可以运用战略疑思解框架中提出的方法，经常对企业的顾客及需求，问一问"可能是什么？还会有什么？"或可激发人们有意识地去注意一些原本可能没注意也注意不到的东西，从而打开创新视野。

关于顾客，乔布斯曾提到，"你的生死存亡掌握在消费者手中，他们才是我们关注的对象，我们的工作是对整个用户体验负责，如果表现不及格，那就是我们的错。"德鲁克认为，企业经营只有一个中心，那就是顾客的钱包，需吸引顾客打开钱包。

为让顾客打开钱包，就要提供对顾客来说有价值的东西。有些企业采取低价做法，通过降低成本，打价格战吸引顾客；有的企业采取优质高价做法，凭借产品创新，打品牌战以争取顾客。基于不同的战略定位，自然需要采取不同的创造竞争优势的做法。

例如，苹果公司希望将产品做到位，乔布斯认为，“很多公司选择缩减，对于他们来说，那可能是对的。苹果的药方不是消减成本，是要用创新走出当前的困境。我们的信仰是：如果我们继续把伟大的产品推广到他们眼前，他们会继续打开他们的钱包。”

以上讨论表明，对于企业生存来说，顾客需求非常重要，不可或缺。顾客需求没有了，就什么都没有了。离开了对顾客需求的把握，业务战略的优势、实力之类说法，均将成为无根之木、无源之水。难题在于，怎么将这样的意识融贯到人们的自觉行动中。

企业优势创造，需聚焦于顾客需求。具体地说，可从哪些方面入手，以发现或创造顾客需求呢？一般来说，可以通过这样两个最基本的途径：一是，重视产品—市场结构的研究，关注外部机遇的寻找；二是，重视资源—能力的研究，关注内部实力的建设。

从实践的角度看，内、外部因素之间，密切联系，不可能截然分开。独具慧眼，率先发起，找到一个好的行业，更有可能赚到钱；能力卓越，能做实事，无论处于哪个行业，最终也可赚钱。若能加强内外互动，实现有机匹配，或许最终的结果会更妙。

外部机遇

寻找外部机遇，采用眼睛向外的方法，特别关注企业的外部环境，也就是企业可能进入的市场及行业，例如，市场的卖主与买主数量、规模、渠道、经营特点等，还有行业的总体容量、区域分布、发展潜能、进入与退出障碍以及产业链整合趋势等。

通过分析市场与行业，可弄清企业所拟进入的领域，其可能面临的竞争及盈利的大致状况。进行市场与行业分析的最简单做法就是，看一个行业的进入与退出障碍。进出容易的，称为障碍低，进出困难的，称为障碍高。障碍的高低，关乎经营的难易。

一般来说，进入障碍涉及规模、创新、投资、网络、政策，甚至还有经验诀窍、自然资源、地理环境等，这其中有些很难复制或仿造；退出障碍涉及资产专用性、退出转型成本、战略牵制、情感联系，甚至还有就业稳定、社会政治关系等，都需综合考虑。

最佳的情况是，企业想进能进，退出容易，而别人想进不容易。怎么做到这一点呢？就是当企业进入后，能够通过各种方式创造进入障碍，例如，通过网络经济性、产品或服务特色、顾客关系维护等途径，更好地满足顾客需求，以抗拒市场同质化竞争。

有进入障碍，可防恶性竞争，能够保持企业生存有适当的盈利。这样，在企业不想继续经营，准备退出某一领域时，也容易找到接盘者。例如，投资公司选项目，就需关注企业是否有特色，是否能够满足顾客需求，是否可将市场做成盈利，是否方便最终退出。

企业投资进入一个领域，如果发现最终做不成，却无法平安退出，则这种投资就应看作是陷阱，而不是馅饼。许多高配资或高杠杆的项目，基本上就属于陷阱，因为一旦发生大势逆转，与项目原先的预想相悖，就不仅赚不到钱，还会造成巨额亏空。

对于实力雄厚的企业来说，如果处于产业链盈利状况最好环节，千万不要采取挤压上下游盈利空间的做法，来提升自己的盈利水平。对于上下游企业的过度挤压，若致其难以生存，却无法退出，就有可能被迫偷工减料，甚至铤而走险，引发产业链危机。

美国金融业的次贷危机、中国乳业的三聚氰胺、饲料中添加瘦肉精、过期馒头重新回用等，在这些事件背后，都可以发现，产业链强势环节对于其他环节生存的挤压，是造成问题的根源，而最初违约甚至违法的企业或个体，实际上就只是弱小的替罪羔羊。

强势企业需防市场力量过度运用，有时即使还有能力扩大议价空间，也需看对方行业的竞争状况，是否可以持续生存，否则挤垮了上下游合作伙伴，最终也会给自己的经营带来麻烦。这是基于进入和退出障碍分析，对于产业链上下游互惠共生的思考。

企业持续生存发展，首先要能做到活得了，而其逆命题就是确保不会死。有些业务领域具有这样的特点，进去很容易，出来极困难。进去很容易，可能吸引大家一窝蜂似地进入，而等做了一阵子发现没钱赚时，退出却很困难，如此就容易挤死在里面。

进入容易退出难的领域，从守底线的角度考虑，属于陷阱。特别地，对于那些最终会突破风险承受能力、让企业或个人无法全身而退的领域，千万慎入。例如，常打政策擦边球、不惜违法乱纪、赚黑心钱等，就极有可能使企业或决策者个人遭受无妄之灾。

现实中，还存在着这样一种情况，受政府优惠政策支持，或者为市场潮流引导，大家共同看好某些领域，各自分别调动与整合多方资源，轻易突破原本看来较高的进入障碍，而当大家项目建成之时，这才发现行业产能严重过剩，退出无门，苦不堪言。

关注外部机遇，进入一个好行业，在其中经营，尽管短期内或许会轻松些，但长期看，风水轮流转，机遇在变化，竞争会加剧。如何寻找与抓住机会？怎样主动创造机会？回答这两个问题，会对企业是否具备内在的环境洞察及应变能力提出较高的要求。

据《哈佛商业评论》的文章，有研究者通过追踪分析全球 63 个行业、6138 家公司的十年历史数据，结果表明，其中最好和最坏的行业相比，其股东回报的中值相差不到 16%；平均来说，同一行业中，最好与最差的企业相比，股东回报要高 72%。

根据以上研究，做好一个企业，似乎比找到好行业更重要。也许更恰当的说法是，短期看行业，长期凭实力。随着市场成熟，竞争加剧，总体看，凭借一时机遇即可获利的情况会变少，把握与创造机遇，可能需要更仰赖企业经过长期积累而成的特别实力。

内部优势

按照网络上流行的说法，“台风来了，什么都会飞”。将台风看成机遇，问题在于，机遇过后怎么办，如果自身不会飞，或会被摔死。由此看来，有机遇，没实力，可能不如没机遇。许多企业的败落，就是受机遇诱惑，欲望过度膨胀，最终被撑爆的。

从优势持续的角度看，即使碰到好机遇，也需要有实力去加以适当把握。难怪有人认为，“企业睁开眼睛，遍地是黄金”。如果有慧眼，在很多地方，都有可能找到或拓展出盈利空间。例如，只需做事到位，提升合格品率，就可减少浪费，增加盈利。

具体地说，对于企业实力或优势，可从资源、能力、信誉三方面来考察。资源，是指所有当下看得见、看得清、能估值的，如现金储备、办公楼、生产线等。能力，需要往前看，过去不代表未来，这有点难评估。信誉，是看过去，做过什么与做得怎样。

资源或能说得清，能力却是道不明。创投关注有潜力的项目与团队，银行进行无抵押贷款，企业寻找适当的合作伙伴，最好能够发现黑马。黑马的好处是出价低、投入少、前景好、回报高。这里的问题在于，黑马是否真的能挑得出来？还是只能撞大运？

韩愈说，“世有伯乐，然后有千里马。千里马常有，而伯乐不常有。”这指的是，发现与举荐千里马，要靠伯乐，而并非指没有伯乐，千里马会消失。有能力的企业客观存在，但需要通过竞争表现出来，而竞争胜出，受多种因素影响，有时很难预料。

评估一家企业的相对竞争能力，特别是在从事一项全新的创意工作时，若不经过实践试探，几无可能。面对这种情况，以敬畏心行动，可以进行小投入测试，通过多交往，在共事中逐渐发现其能力。当然，还有一种方法，就是回头看看企业的信誉或口碑。

比方说，想考察三家企业的信誉，询问其此前做过什么。其中一家说，与顾客签了保密协议，不能告知；另一家说，什么时候想参观，只需来个电话，可以由其带着前往现场；还有一家说，这是其三五个重要客户的联系方式，可自行决定前往察看。

假设告知客户信息，不会涉及同行挖墙脚等影响，面对以上三种回答，人们会觉得哪家企业的回答，更能表明其过往做得不错些？如果按照百分制，100 分是完全满意，0 分是一点都不满意，对于第一家，会给几分？第二家，第三家，又会各给几分？

显然，以上采取第三种方式回答的企业，更表明其对过往所做的信心，从而也在无形之中，反映了更高的信誉水准。现在请各位回过头来，不妨问一下自己，如果面对潜在的重要客户的追问，你过去做过什么？又到底会采取以上哪种方式来回应呢？

对于以上问题的回答，可以测试企业对于信誉的自我要求以及实际达成的水平。如果在满足顾客需求上，至少是以 80 分、90 分，甚至是 100 分的水平要求的，那么在回答新的潜在顾客的询问时，就有可能给出三五个重要客户，让对方自行联系考察。

在此可以看到，信誉有一个奇怪的特点，它不能通过眼下的承诺来提升，只能通过过往的行动去印证。信誉的取得，必须基于经验交往；当下的行为，可为未来信誉奠定基础。当下不努力，工作没做好，等到今后有人问起，此前做过什么，就来不及了。

建立企业或个人信誉，可运用最简单的测试原则：无论当下做什么，只要心中准备好，一旦今后有人问起，就敢放心大胆地告知，如此就可表明此时所做的事，可算是尽心尽力，也就是踏实靠谱，讲信誉的。按照这一原则行动，做事能力也可逐渐提升。

资源、能力、信誉相互补充，分别从时间过程的当下、未来、过去三个视角，给出了企业优势或实力的完整图谱。具体就构成企业优势的资源、能力、信誉这三要素的关系来说，基于老板或职业经理人这样两种不同的视角，可能会给出互异的看法与做法。

从老板角度，当个人能力的充分发挥，必须依附于企业整体的特定资源、信誉的支撑时，如某些品牌产品的销售，更多地依赖于企业整体声誉的拉动，而不是销售员的个人技巧，此时，企业只要掌控了整体资源与信誉，也就有了持续生存发展的保障。

从职业经理人角度，当个体能力离开企业资源与信誉的支撑，仍能充分发挥作用时，才有其自由发展的空间。此时，企业需留得住人，才有持续发展的可能。如一些非常依赖员工个人创意的高科技公司，就多有通过改善工作环境以吸引人才的做法。

企业优势或实力，到底是个人依赖还是组织依赖？对于这一问题的回答，直接影响了企业对待人才的做法。若个人依赖，可从轮岗、梯队、激励、决策参与等角度入手；若组织依赖，可从未来发展、价值共识、有竞争力薪水等入手，以最终留住人才。

基于长期视角，资源的持续性，体现在稀缺专用上；能力的持续性，体现在与时俱进上；信誉的持续性，表现在小处着手、做事到位的行动过程中。整体看，企业资源、能力、信誉，越不依赖于其中的特定个体而存在，企业就越具有强大的生命力。

面对动荡变化的环境，即使对未来发展感到迷茫，不清楚今后要做什么或该做什么，但至少可以专注做好目前的工作，努力使其达到业内一流水平，如此自然就可在无形中培养出一种特殊的能力，为抓住甚至创造出更好的未来发展机会，打下良好的基础。

从企业外部机会与内部优势的关系看，有助于把握机会的资源、能力、信誉，才构成企业的现实优势；缺少资源、能力、信誉的支撑，机会甚至还有可能成为一种威胁，因为它可能会被竞争对手抓住，加以有效利用，从而转化成为他们的相对竞争优势。

在市场经济条件下，所谓的机会均等，并不是指每一不同的个人或企业，都一定能够得到属于其自身的机会，而常常指的是，许多拥有不同综合实力的个人或企业，面临着相同的有限机会。所以，机会常常偏爱于那些有准备、有实力的个人或企业。

现实中，诸如技术突破、需求变化、竞争加剧等事件，都会给强者增加机会，给弱者带来威胁。对具体的个人和企业来说，绝不会如通常所说的那样，机会与威胁共存。面对竞争，真正的强者，属于那些有能力发现、甚至创造机会并最终抓住机会的人。

产品或服务总价值

企业优势，从内在实力看，可以体现在资源、能力与信誉上；从外在表现看，可以表现为企业所提供的产品或服务的特色，例如，产品内涵、顾客偏爱、终端可获等；从综合衡量看，可以最终体现在企业所创造或提供的产品或服务上的总价值上。

企业创造或提供的产品或服务的总价值，通常可以分成两大部分，这就是顾客价值与企业价值。顾客价值，等于顾客得益与顾客付出之差；企业价值，等于企业收益与企业成本之差。顾客付出通常大于企业收益，这之间的差额，称为耗散价值。

具体地说，对于企业所创造或提供的产品或服务来说，顾客得益，是指顾客内心愿意支付的最高价；顾客付出，是指顾客实际支付的总代价；企业收益，是指企业通过销售得到的收入；企业成本，是指企业为创造或提供此产品或服务所付出的总代价。

举例来说，外出旅游，日高人渴，景区小店中有天然水出售，每瓶 50 元，而平常住家附近，每瓶只卖 2 元。买还是不买？若价格再高一点点，就绝对不买，价格再低一点点，就容易决定买，那么这每瓶 50 元，就是顾客愿付的最高价，称为顾客得益。

如果顾客付出 50 元，买了这瓶水，那么其得到的顾客价值，就几乎为 0。这样的话，下次若再去那景区，顾客会做什么？自己带水。得知有朋友要去那景区，顾客会给什么建议？记得带水。这意味着什么，此次买过水的顾客不会成为回头客或引荐者。

假如景区小店的天然水售价，与人们平常住家附近的小店相同，也是每瓶 2 元，则顾客得益 50 元与顾客付出 2 元之差，也就是这瓶水的顾客价值为 48 元。如果是这样，顾客下次要再去景区，就不会带水了，得知有朋友要去那景区，也不会提醒要带水了。

一般来说，商品售价的调整，会引起顾客付出与企业收益的改变，带来顾客价值与企业价值的改变，也就是总价值在顾客与企业之间分配比例的改变，从而影响顾客的回头及引荐行为，也即影响企业的口碑，最终导致企业与目标顾客群长期关系的改变。

若产品或服务的价格定得非常高，顾客买了一次后，下次再也不想买了，这就意味着企业没有回头客，没有引荐者，口碑丧失，此时顾客价值几乎没有，企业生意成了一锤子买卖。例如，某些旅游景区，商品价格奇高，所做的就是这样的一次性生意。

反之，若产品或服务的价格定得过低，尽管顾客价值很高，多有回头与引荐，但因企业价值几乎没有，甚至亏损销售，长期难以为继。这意味着，在创造了总价值后，适当处理顾客价值与企业价值之间的分配关系，直接关系到企业的持续生存发展。

增强与保持企业优势，既要关注创造价值，也要注意总价值的分配，也就是处理好顾客价值与企业价值的关系。如此才有可能实现业态的长期、持续、良性发展，这就是达成动态的互惠共生局面，顾客获得满意的产品或服务，企业实现适当的盈利积累。

创造总价值三战略

增强企业优势，创造总价值，有三条路径，也称三种一般（业务、竞争）战略：一是开源，通过差异化，增加顾客得益。二是节流，追求低成本，控制企业支出。三是定制，实现专门化，降低耗散价值，减少错配浪费，以提升顾客价值或企业价值。

现实中，耗散价值的存在，反映了一种产品或服务总价值的损失。比方说，企业在某个渠道做广告，而其目标顾客却在其他地方，正寻找企业的产品或服务，这种不匹配或不对接，就反映了事实上存在的由于信息沟通不畅等因素造成的双方资源错配浪费。

降低耗散价值，需要关注顾客的真正需求是什么，要防止出现这样的情况，这就是企业自认为对顾客做了许多，而顾客却认为毫无价值甚至是负价值。例如，一些企业耗费资源所做的售后服务跟踪，本想更好地满足顾客需求，实际却成了对顾客的干扰。

追求低成本，可通过加速资金与库存的周转，还有技术创新、工艺改进、技能提升等途径，以此改善资源利用效率，将总价值做大，这样可有长效。而不能采取以邻为壑的做法，只是凭借企业自身的强势市场力量，挤压产业链其他环节的基本盈利空间。

增加顾客得益，就是要让顾客觉得产品或服务有意思、有用、能真正解决问题，或者感觉上很好。为做到这一点，要求企业有忘我利他精神，对产品或服务有专业的独到修炼，对顾客的需求有精准的把握，而不是太过急功近利，一心只顾当前赚钱。

据说，有人到英国伦敦一条街上去买西服，最后看中了一款西服，店家不肯卖给他。为什么？不是要以顾客为中心吗？店家说，这款西服不适合他。这并非说气质什么的不合适，而是说，这款西服的设计，对于他的身材来说，不是特别适合，所以不卖。

这是不是让人觉得很奇怪？按理说，衣服合不合身，应该顾客自己最清楚。但仔细想一下，似乎就不一定了。对于高端服饰，不同的场景需配不同的款型，这样才能显示出品位，否则就是不合适。对于这一点，通常来说，店家自然要比买家更专精些。

有些卖家，因为其店中的销售人员更多关注自身的销售提成，努力揣摩顾客的购物心态，竭力促成当下购买，而不管顾客的这种购买，到底是出于即兴冲动，还是冷静理性。只是如此的做法，太过关注一时销售，容易损害顾客价值，导致长期顾客流失。

如此看来，能够说不卖的店家，倒可能是真正关心顾客，特别是关注到了顾客购买西服的真正需求，而不只是关注了顾客的钱袋与当下的购买。只是问题在于，那位顾客很是感性，太喜欢那款西服了，根本听不进店家建议，真有点越劝越想买的劲头。

最后买卖双方交流的结果，更是出人预料。由于顾客执意坚持，一定要买下这款西服，店家只好答应，可以卖给他，但却提出了一个附加要求，必须允许先把衣服上的标牌之类的东西弄掉，并告诉他，离开后，不要对别人说起，衣服是在店中购买的。

作为旁观者，理性看，旅游景区、商场环境、过程体验，会激发购物冲动，从而买下事后觉得不合算、甚至没有用的东西。这看似非理性，实有合理之处。若花的是小钱，带来的是愉快的购物体验，则结果的优劣就无关紧要了。若花的是大钱，或需谨慎考量。

增加顾客得益，企业要做特色，也就是差异化，与众不同。具体地说，可从以下几方面入手，做到区别于其他企业，从而表现为有所不同，例如，产品或服务本身不同，目标顾客群或市场面不同，市场切入途径与方式不同。为此，需要专注，更需要创新。

专注，需要抗拒诱惑，不能什么都想做，什么钱都想赚，否则，就容易精力分散，目标飘忽，如此一来，会反过来影响企业聚焦，更不可能创新。专注，才有可能将相关领域吃透，把事情真正做到位，并通过不断微改进、微创新的积累，酝酿出突破。

面对市场机会，能说“不卖”，就是一种取舍，一种企业战略定位选择。这不是本企业的目标市场或顾客，这是其他企业的市场或顾客，能勇于放弃，就可错位竞争，业态共生。这样做，似乎有点逆本能，有钱不赚，是不是傻？实际上，这是大智若愚。

大智若愚，大勇若怯，大巧若拙。对于与企业目标定位不符的顾客，能够适时放弃，这是不争之争。例如，对于企业及其所在产业链整体，如果采取的是零库存或低库存、高周转的运行方式，那么面对偶然爆发的市场临时性需求上升，就该果断舍弃。

有时，企业舍弃机会，可能会被其他同行抓住，这样的结果，到底是祸还是福？实际上很难下定论。机会没有好坏，只有合不合适。不同的战略定位，需要不同的机会。有时给别人让出机会，反会让别人受到拖累，甚至严重的还可能危及其持续生存发展。

特别地，对于那些难缠的顾客，那些赢得起输不起的项目，还有那些群起而入的产业，如果企业主动选择放弃，就更能保持资源冗余，备足过冬粮草，如此只需静待，或许就可见到对手受诱惑，入陷阱而致自我败落。这就是“先为不可胜，以待敌之可胜”。

从长期看，一个企业专注于自身特色，所让出的多种机会，对其他企业来说，不一定真有好处，或许是下套，是分散精力，是增加烦恼，是耗损实力，甚至是送去诱惑。以如此逆向思维，去评估企业放弃的各种机会，看到底是馅饼还是陷阱，可更淡定。

淡定，就能更有智慧地应对竞争。有时面对强大对手的竞争，一心想着不断扩张地盘，以增强自身实力，可能会斗得两败俱伤。更何况，还有时力量悬殊，作为弱小方，根本无力参与挑战。此时，不妨采取弱国兵法，打破对手的专注，分散对手的精力。

企业专注于自身的目标市场，逐渐积累实力，将满足顾客需求的事情，做精、做深、做透，自然可获稳定的净现金流。若见同行企业积极准备，进行多元化扩张，试图抓住新的发展机会时，企业该怎么办？是静观好戏上演？还是积极跟进，同台竞争？

据说，当初研制劳力士手表的钟表匠，遇到一个强势的对手，技艺精湛，目标高远，且不愿合作，想自己做一款世界上最好的手表。钟表匠了解到，对手不仅研制手表，还兼做草帽生意，就悄悄地派人不断到他那里采购草帽，并且让对方毫不知情。

就这样，钟表匠的对手，不停地忙着做草帽赚钱，慢慢地也越来越乐于并精于做草帽了，结果因为被当前盈利所吸引，无意中冲掉了原有的长期理想，疏懈了手表研制。如此空间换时间，研制劳力士手表的钟表匠，最终赢得先机，将产品成功推向市场。

当劳力士手表迅速地占领市场，成为世界品牌后，钟表匠的对手终于明白了原委，恍然大悟，却悔之已晚。这一故事表明，只有激情专注，才可能做出成绩。毕竟人的时间、精力有限，专注于什么就更易做好什么。注意力太过分散，无助于聚焦突破。

业务战略，聚焦企业活得了，既需要专注，也需要创新。社会呼唤“大众创业，万众创新”，到底是专注太多，缺少创新？还是专注不够，难以创新？没有专注投入、时间积累，很难有实质性创新。如此面对产能过剩，激烈竞争，如何生存？

有人认为，互联网时代，“羊毛出在狗身上，最后由牛来买单”。对此，若从羊狗牛全体看，先需整体有价值，再看谁买单。事实上，不管最终谁买单，只要买单者出的钱，不足以支撑创造价值的总支出，则一旦离开外部创投输血，虚火过旺的业态必然凋敝。

生存，需要创造价值，归根结底，要有优势或实力。罗马不是一天建成，优势也难以速成。没有专注积累，妄谈创业创新，或多忽悠坑骗。即使互联网时代，创造或提供顾客真正所需的产品或服务，仍是源头基础，不仅要让人感觉好，更需要功能有用。

乔布斯认为，设计并非只是看上去和感觉上怎么样，而在于它怎么运行。马云说，做生意不能凭关系，最重要的是要明白你的客户需要的是什么，实实在在创造价值。脸谱的创始人说，脸谱不是做很酷的网站而是做有用的网站，酷炫的会退潮，有用的却不会。

所做的事情，有用、能运行、创造价值、满足顾客需要、经受得起竞争的挑战。对一个人或一个团队来说，如果能够静心专注，坚持不懈做下去，就更可能成为行家里手，成为业内专家，继而会不会在无意之中，最终变得自以为是，又反过来阻碍创新呢？

专注，不能脱离开顾客的需求，如此才能心态开放，以创新适应变化。例如，有跨国公司，产品技术先进，定位发达国家，进入新兴市场后，发现顾客关注耗材便宜，而非技术先进，研发人员不愿变，觉得没有挑战性，直至新总裁上任，才做顺势改变。

专注到极致的同时，又要能够创新，这不容易。专注，静心琢磨，不断改进，这是“微创新”；关注新兴产业趋势，跨界经营，颠覆性变革，等等，这是突破性创新。这两者的实践做法，可能大不同，前者反馈迭代或可渐成，后者腾笼换鸟或需新人。

考虑到人有行为惯性，有些做法，变成趋势，就难逆转。例如，精打细算，艰苦创业，努力拼搏，而赚到钱后，就易忘了节俭，慢慢地变得大手大脚，什么都讲档次，讲企业形象，讲办公条件改善，高薪挖人做储备等。这样一来，企业成本就上去了。

各类支出大增，市场竞争加剧，企业这才发现，产品若不升级换代，往高端发展，以便提高价格，可能就撑不住了。而一旦往高端走，就会发现原先赖以生存的优势，似乎全都不再有效。低端向上，高端向下，结果市场混战，大家均没守住原有的阵地。

回到三种一般战略的思路，差异化开源，需研发创新突破；低成本节流，宜精打细算低价；专门化定制，要产需互通对接。企业得到回报，赚到钱活得了，站稳市场后，千万不要忘了自己是怎么得到回报的，自己的立身之本，也就是竞争优势到底是什么。

低端向上，是因为不想过从前的苦日子，凭辛勤打拼去赚钱了？还是因为钱花多了，无法再过从前的穷日子了，想升级换代赚大钱？高端向下，是因为想扩大地盘？还是受到低端向上的挤压，自卫反击？企业转型，需认真思考，凭什么拓新并真正站稳？

如果企业想向上转型，而实际的研发创新力量缺乏，甚至原有渠道也难以支撑，结果成本消耗了，却发觉转型做不成，想回到原先定位，又发现原先的成本优势及渠道优势也已丧失。这样，战略定位不清，前后优势皆失，就有可能陷入进退两难困境。

反之，如果企业想向下转型，尽管可能涉及渠道不同，需要重新布局等，也许还是能够居高临下，利用原有品牌形象的气势能量，取得新定位市场的成功。只是问题在于，如此一来，可能会毁了原先的品牌定位，甚至引发两种不同定位的战略思路冲突。

计然曰："不识莫买，在行莫去。"指的是不清楚、不熟悉的货物千万不要购进；在一个行业做成行家后，不要轻易离去。实际上，无论是由下向上，还是由上向下，转型都会涉及不同的战略定位，在此需要指出的是，不同的定位需不同的优势支撑。

总之，增加企业优势，重视超越对手，更要注意超越自我。超越别人，可以通过学习模仿来进行，而超越自我，则必须依靠创新探索来推进。超越别人，一旦成为领先者，就容易迷失方向或自我；超越自我，无论处于什么位置，都可淡定决策，持续改进。

第 4 章　实力支撑

业务战略，关注为啥有回报，希望回答企业的优势、实力是什么，弄清专注投入与创新突破的关系，这些都在一个具体的企业架构与外部环境中进行，涉及本章要讨论的实力支撑问题，具体可分业务流程、优势持续、抵御竞争、把握市场四个方面。

业务流程

考察一个企业的实力，通常可从解剖业务流程开始。企业中的流程，涉及多个环节，例如，做什么事，必须经过的步骤，应该完成的工作，希望达成的目标等。流程，可以简单地用两个词来描述，这就是“活动”和“任务”，前者指手段，后者指目标。

现实中，活动手段很容易观察，任务目标却极难识别。许多组织中活动频繁，大家都很忙，若问为什么如此，却可能谁都说不清。可以这么认为，当一个组织的整体目标不明确时，可能也是人们最忙乱的时候，大家都想做点什么，却不知要做成什么。

行动，若时时考虑为什么，会太费心理资源，人们一般不会如此做。更多的时候，人们只是遵从习惯而行，过去有样参照，再做不必多议，即使当初如此做事的前提早已改变，人们的行为却仍有可能习惯照旧。因此，现实中多见一些不可思议的做法。

有个故事说，有人去朋友家，见其烤肉，先拿出一块肉，两端切掉些，再放进烤箱，烤出的肉特好吃。问朋友，“为什么两端切掉些？”朋友答，“不知道，我妈妈就是这么做的。”朋友打电话问妈妈，她妈妈回答说，“不知道，外婆就是这么做的。”

还好朋友的外婆还健在，她再打电话问外婆，外婆的回答让她很是意外。外婆说，当初家中烤箱比较小，而买来的肉都很大块，不像现在那样切割成小块，放不进那烤箱，只好两端切掉些。不曾想，后来成了习惯，人们更是根本忘了当初为什么如此做。

企业中，会不会存在类似“两端切掉些”的活动？时过境迁，活动的必要性可能早已消失，但习惯已经形成，人们还在继续那样做。类似活动，随处可见，毕竟人们希望活得轻松些，不想时刻劳神判断选择，仅想将脑力用于应对重大决策的挑战。

进行企业流程诊断，可观察各类活动，问一下目标任务，或许就易发现许多无效甚至负效的工作。减少或完全清除这些多余工作，就有可能降低成本，为企业带来盈利提升。这大概就是前面提到的，“企业睁开眼睛，遍地是黄金”这句话的真正含义。

诊断流程或许容易，改变流程有点难，因为这会涉及习惯调整，更可能牵涉各种利益关系。有人给一家公司做咨询，报告第一稿出来，很获认同，第二稿顺利通过，到了第三稿，牵头咨询的公司副总，突然意见很大，原来这一稿将该副总的职权缩小了。

许多时候，表面看是流程问题，实际上背后反映的是人的问题，是利益、职责与权力的分配问题。根据面向制造、顾客、变化等不同情况，流程可分为三类：一是生产性“标准作业程序”，二是服务性“宜人过程体验”，三是混合性“动态调适机制”。

面向制造业，如工艺流程等，有严格的操作顺序要求，第一道工序做什么，第二道工序做什么等，这是不能随意改变的，一改变就可能严重影响产品质量。面向服务性，如微笑服务等，关键是让人感觉舒服，如果也似制造业般标准化，可能并不合适。

例如，银行业大都有规范的服务流程。下雨天，有位女士去银行办事，一手撑伞，一手拎包，进门时，有家银行的警卫站在门里，只是隔着玻璃看着她，没采取什么行动；面对同样的情况，另一家银行的警卫，从里面迎出，主动拉开门，接过她手中的雨伞。

显然，与人打交道，需人性化的流程，最好过程宜人些，若能选用具备良性互动潜质的人，或许效果更好；面对变化，则需灵活顺变，快速响应，与时俱进，不断改进。若不分具体情况，采取标准做法，统一培训，运作机械，似乎就有点太过死板教条。

企业活动任务流程，反映了企业创造总价值，也就是提供顾客所需产品或服务所涉及的所有环节。例如，顾客遇到问题，寻求解决方案，购买解决方案，实施解决方案，提升解决方案等，以及这其中可能发生什么事件，需要哪些人为其做些什么等。

解剖业务流程，有时眼光需超越企业范围，考察产业链多个环节，才有可能找到更好的思路与方法，以从根本上改变服务流程，提升顾客价值。例如，某公司的电子产品，出厂检验为全优，顾客却常反映，质量有瑕疵，后经全程跟踪，终于弄清问题根源。

公司设计的产品，原本设想，装卸时，工人会弯腰，双手抓起产品两边的拎把；而跟踪发现，工人会直接抓起设备顶部外露的各种连接线，这样才偶尔引起连接线脱落。为此，公司改进设计，将装卸拎把放到设备顶部，最终消除了顾客反映的质量瑕疵。

优势持续

企业持续优势或实力，指的是能够经历时间考验，始终具有相对竞争优势。短期看，在市场中存活的企业，都有一定的优势；长期看，真正长寿的企业并不多。这里的原因，有些属于人为的故意玩消失，更多的则是，因为没能保住原有的竞争优势被淘汰。

并购，重组，“充分”利用政府对新办企业的优惠政策等，或会导致企业因名号变换，看似消失不见。凭借机遇、运气、甚或禀赋等，获得短期优势，赢得一时市场，因未能在此基础上形成长期优势，无法保证企业持续生存，也即难以做到“活得久”。

讨论优势持续，必须先弄清，如何判定优势持续；然后，才可弄清，怎样的优势更有可能持续；最后，才是采取措施，建设与保持企业的持续优势。以下将要讨论的，就是判定优势持续的六准则：无法学、学不全、不愿学、不怕学、不敢学、难替代。

无法学

无法学，主要表现在企业所拥有的、不可流动的稀缺与专用资源及能力，这通常也是其竞争对手所不具备的。这种独一无二的优势，大致来源于两个方面：一是，基于先天自然或个人禀赋；二是，凭借后天学习历练，积累所获得的习得性技能诀窍等。

禀赋性或习得性优势，如能达到稀缺专用、在市场上很难花钱买到的程度，都可构成一定的行业进入障碍，至少在短期内，甚至很长一个时期内，可抵御其他企业的竞争。例如，企业创始人的脑袋特管用，能够洞察市场先机，这一点，同行可能就无法学。

凭借创始人的能力禀赋，会受其个人年龄、健康等状况的影响，如果没有培养出合适的接班人，或者慢慢地形成能够接棒的强有力的管理团队，优势的跨代持续必成问题。而一些网络或实体市场平台，经过长期迭代改进，渐成完整体系，就有点无法学。

学不全

学不全，主要表现为企业拥有不可模仿的意会性经验、品牌信誉、知识与做法等，这些都需众人参与，经长期磨合，才逐步形成。其他企业想学习，可能看不清、弄不懂、不合适，甚至颇费时日，还根本做不成。例如，企业制度、流程、文化、惯例等。

耐心积累，慢慢历练，一旦融会贯通，别人即使想学，也难成。企业创业成长过程，若有毅力与恒心，能从一个个细节着手，慢慢地精熟多个环节，然后达到把所有环节打通，成为对于顾客需求的综合解决方案供应商，这样就会具有一定的学不全优势。

假设能在圈内混的顶尖高手，其个人天赋相差不会太大，那么能够做到让人学不全的，就只能依靠专注积累，以及在此基础上的创新突破。在一个领域内，企业若能坚持浸润多年，自然能够具备更深厚的积累，达成别人难有的专业功力、视野与境界。

不愿学

不愿学，主要表现在放低姿态，悄悄地积累实力上。例如，对于新创企业来说，如果发现市场空缺，获利颇丰，最好做实产品与服务，通过企业现有顾客，加大回头客及引荐者的培养力度，以此更快积累实力，而不要太过张扬，以免招惹来竞争对手。

市场上的赚钱机会，会有很多人关注。不愿学，试图通过低调处世，尽量让竞争对手察觉不到机会的存在，从而对参与竞争不感兴趣，以此回避可能出现的与潜在对手的过早正面交锋。在这里，“做人低姿态、办事高水平”，对于小企业来说尤为重要。

企业赚钱，为了防竞争，最好是打消别人的竞争念头，让人根本没有意愿参与竞争，这是不战而胜。低调处事，有助于打消别人的竞争动机，只是如此做法，有点逆本能，需要理性修炼。人之本能，极要面子，一旦成功，定想显摆，否则心中会不爽。

有人认为，基于竞争的考虑，战略的精髓就在于，让竞争对手打消念头，不要在企业有重大战略意义的领域投入。有重大战略意义，让对手不投入，怎么可能呢？只有尽量不要引起对手的注意，让他根本不知道，或者即使知道了，也觉得没必要去竞争。

这就对战略提出了保密的要求，低调做人，藏智守拙；高调做事，服务顾客。这样可防备竞争，悄悄做出口碑，积累实力。按此思路，企业优势的持续不是基于正面相争，不靠击败对手，而是让对手根本入不了局，先是不想进，进不来，最后则是来不及。

面对激烈的市场竞争，名、利、权为众人所喜好，成功若加张扬，表面上很风光，一时挣足面子，似乎蛮过瘾。但在庆功欢宴之后，人们须做逆向思考，接着将会面对怎样的后续影响？会不会引来嫉妒，招来更多竞争？会不会信心爆棚，导致盲目决策？

现实中，有些企业安于当业内隐形冠军，只在很小的范围内，特别是仅仅在上下游关系密切的伙伴中被人知，在顾客中保持着良好的口碑。在战场上，各国关注武器装备甚至人员的隐形，就是为了自己看得清对手，而让对手看不见自己，从而保持先机。

面对生存竞争，希望持续活得了，需尽量保存实力，回避恶性竞争，如此才可更有耐力长效。据说，美国有一明星基金，规模不大，盈利超人，其掌门人非常神秘，几乎不为人知，投资的多是低市盈率、高增长的潜力项目。试想，若很高调，能操作吗？

实际上，对任何企业来说，若想保持超常回报，太过高调显然无益，因为好项目稀缺，高调会引来竞争抢夺，导致项目估值高攀，最终即使做成了项目，所得的回报也被严重稀释，更糟糕的可能还在于，由于众人竞相进入，或致全行业产能严重过剩。

互联网时代，因创投介入，多见高调打法。这其中，有些属烧钱游戏，极难存活，还有些则属创新妙招。例如，通过高举高打，吸引竞争参与，改变消费习惯，形成网络经济性，打造店多成市氛围，推动产品快速迭代，就易助新业态繁荣，反超旧业态。

当然，企业若真有实力，做到如前面提到的让人无法学或学不全，或者做到不怕学、不敢学、甚至难替代，那么，无论低调或高调，影响都不大，均无惧竞争。只是基于防患未然的考虑，多一点危机意识与底线思维，总是好的，毕竟生存比面子更重要。

不怕学

不怕学，主要表现在抓住先占优势，培养企业盈利的回头引荐型顾客群，使得后来进入的竞争者在市场规模等方面始终处于劣势。例如，对于电力、燃气、自来水等管网建设，可致自然垄断，也即重复建设会不经济，先占者通常可获得不怕学的优势。

在市场发展初期，当市场不大，难以容纳多个竞争者时，一些受政策保护得以成长的企业，也可建立起“不怕学”的优势，这样，即使后来的市场完全开放，新进入者也很难具备与先入者同样的实力。在区域竞争中，各地就常用此招，进行地方保护。

在有些领域，具有学习积累与网络外部效应，相对比较容易锁定顾客，产生先占优势。例如，顾客会越用越顺手、越喜欢，使用人数越多就越方便、易学、增值。当然，在快速迭代过程中，面对不确定的环境，先占是有优势，还是会成先烈，难有定论。

不敢学

不敢学，主要表现在通过信息发布、先声夺人等战略性的行动，使潜在竞争对手事先对参与竞争望而却步，从而主动采取回避或谦让的做法。这种做法的结果，看起来有点如孙子兵法所说的“不战屈人”，但更高妙的招法是，做到不战也不屈人而生存。

从战场的你死我活争斗看，做到“不战屈人”，也许已属上策，但从现实商场运作看，如果“屈”了人，就表明未得到被屈者的内心认同，没有达成双向平等、多赢互动的效果，如此就可能留下隐患，也许不知会在什么时候，会被他人重新“屈”回去。

为取得良好的长期效果，可更多地运用信息手段，事先传递产能过剩、市场饱和之类的信息，以影响或改变对手参与竞争的动机，使其主动知难而退。因此，让人不敢学，最好在人家没进入前，而一旦人家已经进入，再去“不战屈人”，极易引发争斗。

例如，某地临街有几间店面房，正在装修，准备开网吧。一大早，在其卷闸门上，被人贴了这样的纸条，上写“请慎重考虑！附近的理工大学明年就搬迁，此处再开网吧大家一起讨饭！给人活路，给已后路！！！”此后，新网吧的装修果然就停止了。

以上做法，就属人家还未真正投入，就提供参考信息。现实中，人们想做实业，不知道做什么好，通常做实地考察，看人家怎么做，自己跟风做。有人开饭店，就跟着也开饭店；这里有网吧，就在旁边也开网吧。这样做，没有错位经营，易引发恶性竞争。

有企业做强后，想凭借良好的盈利能力与现金积累，通过市场争夺战，挤垮对手，以独占或多占市场。为此，该企业发动凌厉攻势，大幅降价，优惠促销，殊不知，对手有对手的优势，其底牌不为外人所知。对手不想被屈退出，坚决反击，结果两败俱伤。

难替代

难替代，主要表现在通过超前突破，使竞争对手很难跟进，无法生产出功能相近的替代品。具体地说，既可从锁定顾客入手，使其不易或不愿转换卖主，也可控制生产所需的特异资源与能力，阻断竞争企业进入。这些都要求企业必须具备创新适应能力。

创新，怎么做？产业发展，更新的速度在加快，各个企业的环境、实力、使命三假设在变化，业态甚至跨界互动影响在加强，情况看不清，迭代，反馈，适应，改进。但不管是以旧换新，还是逐步代谢，都需时间过程。想法或可顿悟，做法只能渐成。

长期优势，需有创新，但需处理好与专注、守成的关系，也就是变与不变，长期储备与短期盈利的关系。某世界名表公司的总裁，此前曾任财务总监，在谈及创新时指出，当财务总监，若搞创新就会进监狱；而当公司总裁，若不创新就会下地狱。

某世界500强公司，创新做得好，新产品在销售收入中的比重，全球排名领先。后来上任一位 CEO，运用六西格玛等精益生产手段，甚至采取削减研发费用等，提升经营效率，使公司的盈利大幅上升，只是创新，即新产品在销售收入中的比重却下滑了。

接着，又换一位 CEO，开始回归到重视创新上，将新产品在销售收入的中比重再次提升。这样，一任领导相对强调专注、效率，接着一任领导相对关注创新、冗余，如此就可通过不同的时间，强调不同的重心，达到对专注与创新、效率与冗余的长期平衡兼顾。

现实中，在处理难以同时兼顾的重要目标时，通常就可采取错时轮替安排的做法。例如，一个阶段强调当前盈利，一个阶段强调未来发展，再一个阶段强调稳定，又一个阶段强调变革。这样不断变换重心，平衡兼顾多种追求，从而达成对多种价值观的包容。

综上所述，优势持续判定六准则中，无法学、学不全，基于自胜，强调战胜自我，改进积累；不愿学、不怕学、不敢学，基于互动，重视引导市场，缓解竞争；难替代，基于创新，关注不断超越，创新突破。这样，可达成整体上专注与创新的长期平衡兼顾。

抵御竞争

抵御竞争，从短期看，可通过保持低调，以免唤醒对手注意，规避可能竞争；从长期看，可凭借基于专注的创新，做到与竞争对手相比，能够更好地满足顾客的需求。由此可见，真正能够持续的竞争优势，就是没有人可参与或愿参与竞争的优势。

优势独特性

企业抵御竞争的真正基础，是其拥有的独特竞争优势，即创造或提供有价值的产品或服务的实力。这种做事的实力，可从向内与向外两个角度去考察。向内看，可分成资源、能力、信誉三部分；向外看，可以表现为产品内涵、顾客偏爱、渠道可获等。

企业只有内外兼修，才能做到持续生存。为了做到这一点，企业实力需有落地支撑，能融贯至具体的流程、结构、行为。在这里，流程，说明做什么的活动任务；结构，提供确保流程实施的组织框架；行为，涉及对于企业及员工的动机与激励的关注。

基于以上对企业实力的说明，可从向内、向外、落地三个维度出发，对构成企业实力各要素的特征做大致的表述整理，并进而提出两个问题：最终得到的企业实力特征，是属于外显的，还是内隐的？是基于什么的，个人、群体、组织、跨组织的社会网络？

根据对以上两个问题的回答，就可对企业实力特征做整体的归类考察，从而得出关于实力独特性的总体判断。一般地讲，企业实力的构成特征，越是具内隐性，越是基于群体、组织、社会网络，就越是具有不可模仿性与不可转移性，也即越能抵御竞争。

优势隐性防竞争

企业的实力，越是容易被看清、看透，就越是显性，也就越容易被模仿；越是让人看不清、看不透，就越是隐性，也就越不容易被模仿。企业的实力，越依赖个人，就越具可转移性；反之，越依赖于群体、组织，甚至社会网络，就越具不可转移性。

如此看来，企业实力建设，越是朝着不可模仿、不可转移的方向努力，其最终逐渐构建而成的实力，就越能抵御竞争。从实力建设的难易程度来看，越是显性，越是依赖个人，就越是容易模仿或复制，或者通过猎头速成；反之，则更需长期不懈努力。

企业实力要素更具内隐性，就更有助于抵御竞争，防止外部模仿与复制，但同时也就不利于内部的交流学习与知识共享。对此，企业必须根据自身的具体情况，权衡促进交流与防止复制之间的利弊得失，最终做出到底是内隐化还是外显化的适当选择。

据报道，宝马公司就努力减少外显与个人依赖。公司中有不成文的规定，董事会主席不应是明星，领导人员必须轮换，领导文化是没有突出的人。公司中，没有人是不可替代的，每个高层职位都有一个可以立即继任的人，同时，还有两个经理人作为储备。

一些企业采取多种策略，将实力要素内隐化，以抵御外部竞争。

例如，将作业流程黑箱化，将核心部件或关键配料，严控在老板自己手中；在专利保护不力的领域，尽量不申请专利等；采取高额专利奖金，改善技术精英待遇等做法，留住核心技术人才。

再如，国内某企业规定，对于像销售之类的特殊岗位，任期不超过 2 年，实行定期轮岗；分公司总经理及以上级别岗位，必须配备后备人选；禁止员工在媒体上进行与公司有关的个人包装与炒作。这些做法，无疑都有助于减少企业实力对个人的依赖性。

减少个人依赖性与留住骨干员工

从企业整体看，减少对个人的依赖性，除了可以抵御竞争，防止因人员流动对企业经营造成损害，还可使企业实力更多地建立在育人机制上，而不是个人上。当然，在企业实力依赖于特别的员工时，若企业能够设法留住这些员工，就可确保企业有实力。

例如，某企业产品市场受阻，效益略有下滑，熟练员工流失严重，老板心中着急。他远在乡下的母亲得知，来到工厂，亲自下厨掌勺。员工来自全国各地，各有不同饮食习惯，母亲心善手巧，相应做了三类菜，员工吃得满意，找到家的感觉，心就稳定了。

有些企业发展壮大了，谈竞争优势，谈股权激励，谈企业文化，却忘了把员工真正当人看，忽视了许多人性化的细节。网络时代，谈分布式结构，去中心化、去权威等，结果忘了系统中可能存在关键节点。基于系统思维，关注企业实力，有时细节决定成败。

复杂系统，简单规则，有机组织的运行就需如此。对于企业，整体看很复杂，但对于熟悉情况的各个岗位的员工来说，所需做的事却并不复杂。这种看似简单的员工个体，形成复杂的企业整体，其过程涉及演化创新，基于长期磨合改进，也能抵御竞争。

创新投入与领导

创新，不能脱离顾客的真正需求，为创新而创新，甚至故意营造各种名义上的升级换代，以此误导顾客，人为创造所谓的需求，而实际上却是加重了顾客的财务负担。在这里，必须认清创新是手段，其本身不是目标，对其中的度，需要加以适当把握。

对于创新的许多方面，均需防止线性思维，简单地以为投入越多越好，越创新越好，必须看到这其中存在着的非线性效应，要关注怎么适度，恰到好处，防止过犹不及。正如乔布斯所说，创新不是钱的问题，和你的人、和怎么领导他们、和你的理解有关。

当然，创新需要钱，只是钱的投入水平一旦超过临界值，就将不再是制约创新的瓶颈环节。创新，由谁做最关键。有记者采访一位老板，他年龄不到 60 岁，已决定退居二线，他觉得所在的行业竞争激烈，很需要创意，担心自己年龄大，创意会不足。

这位老板的行为，非常理性，极其明智。现实中，有一些企业创始人，年纪早已超过 70 岁，都奔 80 岁了，还冲锋在一线，说要领着年轻人创新，实际上可能正在阻碍年轻人创新。特别是在互联网领域，年岁不饶人，年轻更可能创新，创新需要年轻人。

当然，对于一些依赖经验积累，渐进改善的领域，也许年岁是一种财富，资深可以做得更到位。具体地，要看企业的业务、顾客、产品与服务以及运作方式等情况，对大部分企业来说，创新都可从现有顾客入手，通过把握与追随顾客需求的变化而展开。

顾客需求与创新管理

未来，市场仍然会有顾客需求。企业目前的顾客群，在今后一定时期内，不可能凭空消失，只是其需求的内涵与形式，可能会发生变化。若企业能从现有顾客入手，同时注意把握潜在市场顾客的需求动向，那么，能抓住今天，也就意味着可抓住未来。

千里之行始于足下，从解决当下顾客的问题入手，能够一直抓住现在，就意味着抓住了未来。这里的挑战在于，如何处理企业现有顾客与潜在顾客的关系？在服务好现有顾客的同时，要注意把握潜在市场，特别是把握好企业外部市场上顾客的需求动向。

现实中，创新，要考虑顾客承受力，防止过度。有些厂家为了自身利益，不断缩短产品周期，强行推出捆绑式的升级套餐，使顾客负担加重，应接不暇。另有些企业则基于顾客立场，帮助顾客更好地使用现有的设备，尽量延长顾客对新设备的购买间隔。

企业创新，作为商业行为，需要能将前沿的技术能力，与敏锐的市场感觉协同起来，从而创造出顾客所需的价值，这一点很难预先设计与精密规划，必须经过试错探索，需要有能够发挥创造性的自由、宽松的环境氛围，以帮助激发出创新者的远见与热情。

远见与热情，需要冷静理性指导。例如，为抵御竞争，企业实力建设似乎应专注顾客创特色，但是具体做到什么程度，是集中标准化，还是分散差异化，需看市场特性。一般地，同质化市场，宜采用集中的标准化模式；异质化市场，宜采用分散的差异化模式。

比方说，对于品牌连锁快餐业，就存在着两种管理方式：一种是所有地区与门店，采用后台统一的集中标准化模式，另一种则是根据各地口味不同，采取门店独立的分散差异化模式。显然，区域市场或顾客的需求越多样化，后一模式的整体活力就越强。

把握市场

企业活力与市场繁荣，相互依赖，密不可分。准确把握市场特性，可使企业更显实力，优势更能得到充分的发挥。市场有看得见、摸得着、容易感受到的部分，如商人、商品、商场等；还有看不见、摸不着、很难把握到的部分，如信息、网络、机制等。

无论有形或无形，实体或虚拟，线上或线下，市场买卖的有效进行，均离不开信用、信号、资金流转的支撑。信用丧失，信号失真，资金受滞，均有可能妨碍买卖双方的相互信任，从而使得交易难以顺利完成，最后导致顾客价值与企业价值均无法实现。

在一个繁荣的市场内，市场的人、财、物等各种要素的买卖流转，通常是经由众多环节参与者的自主决策完成的。这样市场的形成，需要经历时间积累，其配套存在的，如生产、研发、仓储、物流等活动，治安、消防、税收、工商等服务，几乎都不可或缺。

市场生态圈经营

市场运行，总体需符合供求规律，在价格机制作用下，受企业价值与顾客价值主导，具体细节需通过试错迭代完善而成。市场整体人气的汇聚与散失，都有一个量变到质变的累积过程，线上、线下在这一点上无差别，不同的只是手段、做法及参与者有变。

顾客对于产品功能、服务体验的需求，若能达到一定的规模，才可有助于企业的持续生存发展。人们常提及的商业模式，实际上就需说明为啥有回报，企业实力是什么，能够为目标顾客创造或提供怎样的需求满足，并可在此基础上实现企业盈利生存。

企业实力，商业模式，涉及因素越多，经营规模越大，持续生存挑战就越大。在互联网时代，涉及虚拟应用市场，若有财力烧钱，规模或可速成，但想获得净现金流，持续生存发展，仍不容易。现实中，人们聚焦于少数胜出者，却很少关注大量败落者。

网上的综合销售平台，或是线下的商业综合地产，若想实现持续生存发展，而非依靠外部输血扶持，这其中所要求的企业经营实力，涉及娱乐、购物、餐饮、体验等综合配套服务，更多依赖的是内隐社会网络，绝非只要有财力运气或政策优惠就可成。

网络，有形的或无形的，其联结关系的形成过程，都需时间，很难速成。若可速成，也易速朽。竞争中，有新兴，就有败落。网络系统的规模越大，涉及主体或环节越多，其中的个体或局部的发展越多样、生灭越频繁，则生态圈整体的活力可能就会越强。

良好的生态圈，一旦出现，就会具有自我适应、不断更新的活力。这种生态圈的整体实力，可能更多表现在，其各个有机组成部分，不断经受着适者生存的严酷考验，从而使其全体表现出很强的顺应环境变化的能力。网上平台或线下商场，均无例外。

网上与线下融合

网上虚拟与线下实体，到底哪种更有希望？更具持续活力？对此问题，极难断言。例如，中心城市地产高价，致实体商场不断萎缩，虚拟市场蓬勃发展。而随网上购物规模扩大，对仓储物流提出更高要求，就会引发新兴领域的成本急升，易成发展制约。

实商与电商，短期多相互冲击，长期或相互补充，会达成某种相对的动态平衡，而具体平衡点的位置，取决于影响企业实力的多个层面，例如，顾客需求的标准化或定制化，商品低值易耗或高附加值，有形实物或虚拟感觉，产品功能或服务体验等。

互联网时代，企业经营所涉要素、主体、关系均有不同，系统复杂性改变，互联互通，渐进演化，新兴业态，跨界融合，关系重构，创客、众筹、众包等，去中心化，个体易速朽，整体更活泛，新常态就是无常态。为此，企业实力也需动态化，怎么办？

业态在变，时有新气象，带来新问题，要求新解答，这对企业实力提出了新挑战。稳定或变化，不变等死，多变找死，心中纠结，如何把握？例如，线上，线下，各种要素之间，哪些会替代竞争？哪些可互补加强？哪些能融合创新？哪些或互不相关？

互联网上出现的许多新兴业态，做法完全不同于以往。例如，方便的信息联系与及时交流，人、财、物的线上线下对接，碎片需求与碎片供给的匹配，还有各类金融宝等。这些创新产品或应用，大大提升了社会整体的运行效率，但其自身的存活却并不容易。

无论什么时代，企业要生存，经营想持续，都需有收益与成本核算。如果支出总超过回报，模式将不可持续，除非有人真愿意烧钱，且有无限的钱可烧。互联网时代，即使有免费的分享，透明的信息，但信息的搜索、阅读与加工，仍需流量、时间与精力。

顾客需求是根本

网上经营，人们总觉得，比价容易，价格战在所难免。实际上，无论线上、线下，价格可能只是影响销售的众多因素中的一个。在可接受的价格范围内，一家店，一款商品，那种让人喜欢的感觉，并不是仅由价格的高低引发的，而是由内心共鸣唤起的。

有内心共鸣，人们就会找出购买的理由，如价高质更优、便宜更合算等，无论价高价低，买了都很开心，而且不后悔。如此，对企业来说，如果将顾客整个购买过程的接触体验考虑进去，那么，价高有高的卖法，价低有低的卖法，关键要让顾客买得嗨。

例如，曾有店小二，一人同时打理两家网店，卖的是同一中档品牌化妆品。两家店的唯一差别就是，其中一家的定价比另一家约高 20%。考察实际经营结果发现，在持续大约两年的时间里，两家店的盈利情况差不多，就只是各自面对的顾客群略有不同。

为了提高顾客满意度，争取回头客及引荐者，无论虚拟或实体企业可能无意中都会想，为了留住大客户，应该通过店庆等形式采取点回馈顾客行动。这看似礼尚往来，人之常情。只是若做逆向思考，可问：商品买卖，出于自愿，双方互惠，为何要回馈？

吸引并留住顾客，与其费心考虑做什么免费回馈，可能还不如继续将产品或服务做到位，从而保持企业的相对竞争优势。当前满意的顾客，自然会回头购买，甚至引荐来更多的顾客。这种思路逻辑，似乎虚拟或实体，同样适用，在网店中或更有放大作用。

有人在一家网店，给远在家乡 80 多岁的父母，买了一辆轻巧的购物车，结果其家乡父母的亲邻们见了，都托他的父母帮助购买。后来，他又从这家店买了近十辆购物车。在这里，进店的顾客，一个到底可以算几个？对顾客引流、转化率，到底该怎么评判？

免费与企业盈利

顾客的注意力有限，无论线上或线下，要想吸引顾客眼球，都不可能免费。实体的购物中心、商场等，涉及物业投资、租金、装修等成本；虚拟的网店、移动客户端等，涉及开张、维护、广告等后台成本，若最终客流稀少，转化率不高，可能就难存活。

对于有些虚拟产品，如音乐、电子书、应用软件等，即使每一产品的复制发送成本极低，但制作、推广、销售，面对众多同类产品竞争，要实现收支平衡并略有盈利，似乎也并不容易。这一点，与许多进入障碍较低的实体行业，所面临的挑战非常相似。

任何一个行业，如果人们见到的最终成功企业，极端盈利，那么此前就必定吸引了众多投资进入，倒在成功企业脚下的企业数量也自然非常之多。由此看来，无论什么类型的企业，实体或虚拟，平台或垂直，加强业务战略，夯实生存盈利基础才是王道。

第三篇

公司战略

——稳健、发展机制

主旨：发展

问题：有钱怎么办

对策：进取与知止

上一篇业务战略，关注做实事，聚焦于一个点，将其做扎实，做充分，从而有盈利，活得了。本篇公司战略接着讨论活得好，求发展，也就是考虑从做实一个点，到多做几个点，甚至将点连成线，变成面，这其中可能涉及一体化、多元化、平台化等。

公司战略关注活得好，对于怎么才算好，可能见仁见智。一般地，将一个事情做实后，自然就会想做大，也就是希望成大事有发展，这似乎被当成了活得好的必然选择。问题在于，企业做大，若对其中的热度、深度与广度把握不当，好事也可能变坏事。

随着企业从单一业务，发展到点、线、面甚至立体化，其所遇到的战略决策问题将趋更复杂、更分岔。例如，多种业务，多个项目，多人参与，多个要素……这其中所可能涉及的轻重缓急、本末终始关系，如何应对？这就是公司战略所面临的最大挑战。

企业做强、做大、做多，不可能无限进取，到什么程度为止？强弱、大小、多少，适度为好，度是什么？如何衡量？严格地说，几乎所有的战略都会涉及进取与知止，公司战略也不例外。进取以创找馅饼，知止可规避陷阱，此即“先为不可胜，以待敌之可胜”。

《老子》说，“胜人者有力，自胜者强。”“知足不辱，知止不殆，可以长久。”胜人，不如自胜，自胜难在知止！进取，做加法，挣面子，可凭本能驱动；知止，做减法，似退步，需理性修炼。讨论公司战略，既要进取求发展，更需知止保稳健。

公司战略的进取与知止，正好体现了抓关键与守底线的根本要求。知止先立于不败之地，进取才会有凭借的基础。古人在《止学》中指出，“大智知止，小智惟谋，智有穷而道无尽哉。”现实中，有时剩者为王，坚持就是胜利；有时适时舍弃，退出更能超越。

导语
——盈利之后可做啥

上一篇业务战略，如果能够做到位，企业有优势，就会有净现金流。本篇公司战略，接着讨论“有钱怎么办？”的问题，也就是在生存活得了的基础上，关注发展活得好。有钱可任性，但不可妄为。公司战略不仅关注短期怎么活好，更重视长期怎么活久。

有钱会做啥？

有钱做什么？有调侃的段子说，土豪的做法是，盖两栋别墅，一栋住人，一栋养狗；修两个泳池，一个洗头，一个洗脚；买两架飞机，一架白天飞，一架晚上飞。实际上，也许更土豪的做法是，开多家公司，一些赚钱，另一些烧钱，烧钱远比赚钱快。

一些公司赚到钱，有了现金积累，欲望自然膨胀，炫耀性消费支出大增，大规模产能扩张及多元化拓展，结果入不敷出，就只好设法上市圈钱，向银行贷款，甚至通过民间高息借款。如此一来，手中或有几辈子花不完的钱，却可能欠下永远还不清的债。

俗话说“发财不难，保财最难！”据说，出事的央视某前主播在其自传中说过一句话，“曾经造就你成功的特色，也会让你的城池毁于一旦！”古人语，“身后有余忘缩手，眼前无路想回头！”只是人的欲望无限，更想做加法，不愿做减法。怎么办？

有钱怎么办？涉及怎么花才好，也就是活得好的问题。关于好的标准，见仁见智，多有争议。将钱存银行，担心贬值；想投资盈利，发现整个经济的状况都不太好。用于资本运作，需找到合适的项目，要有懂行的人打理。由此看来，最终还是人要紧。

从投资保值的角度看花钱，大概有两条：一是，只有花掉的钱才是自己的；二是，最抗通胀，能保值增值的投资，是人的能力与健康。无意中，人们最易犯的错误是，一旦凭辛勤努力，挖到第一桶金，就会想着搞点资本运作什么的，试图轻松赚大钱。

忙于资本运作，就易忘了原先的钱是怎么赚来的。而一旦大家都希望以钱生钱，将心思放在资本运作上，实业基础就会逐渐虚化乃至丧失，最后就真的不知道，这钱会从哪儿生出来。最终真有可能生出来的，或许就只是泡沫膨胀及紧随其后的梦想幻灭！

有钱该做啥？

有钱以后，听凭当下欲望与感性本能驱动，企业就易忽略复杂系统所存在的非线性效应，这就是一味地加强消费、生产、控制，而在无意中忘掉了知止不殆。这样，最终就容易偏离适度的原则，导致过度消费、过度投资、过度管理等极端情况的发生。

在这里，过度消费是指吃喝玩乐成瘾，心力与精力耗尽，无暇企业经营，易被竞争淘汰；过度投资是指到处项目扩张，财力与物力掏空，公司信用透支，终掉债务陷阱；过度管理是指繁杂制度剧增，激情与创意消退，公司官僚僵化，或致活力毁损。

逆向思考公司战略，可见安全稳健重要。持续生存发展，消费、投资、管理需适度，要防本能驱动而过度。从长期看，企业或人生，不在于飞得有多高、多快、多远，而在于落得有多稳；真正的成功，不仅在于如何挣得名、利、权，更在于怎么用好名、利、权！

在看不清、看不准情况时，坚守底线原则，尤为重要。例如，在企业当前生存无虞，求进一步发展时，即使要扩大产能，也可分步进行，要防止孤注一掷，试图一下子穷尽或抓住所有的机会，指望一口吃成个胖子。如此可化解其中可能存在的不确定风险。

基于系统思维，瓶颈在握，企业可更有主动权。由此看来，有时保持企业产能的相对稀缺，略为供不应求，或许更为稳妥，这一点在全球到处产能过剩的时代，情况就更是如此。产能略为不足，也许会丢失市场波峰的收入，而过剩则易致企业持续亏损。

由此看来，企业作为有机体，活着，无论是活得了，活得好，还是活得久，都需要把握好其中的度。消费、投入、管理、规模、成长等，都应该适度，情况不同，对策各异。对于公司战略来说，这其中最为核心的就是，明确发展思路，理清主导逻辑。

第5章　发展思路

企业赚到钱后，追求进一步的发展，特别是做大规模，这其中既有客观规律要求，也有主观欲望推动。企业发展壮大，就客观规律而言，能使经营更具经济性，从而产生更强的市场竞争力；就主观欲望而言，能给当事者带来成功感觉，让人很有面子。

当然，任何事物都有两面性，宜恰到好处，防过犹不及。企业发展壮大，一旦超越某种适当的度，就可能产生负面的影响，例如，规模经济性反而成为不经济，有面子变成虚荣心，则很有可能会给企业发展带来隐患，从而影响到企业的持续活得久。

具体地，在论证企业发展思路时，可以借助正反命题的分析方法，不仅关注正向的“企业为什么不做大？”的问题，而且关注逆向的“企业为什么要做大？”的问题，以此先弄清企业到底该如何发展，然后才在此基础上，考虑通过什么途径进行发展。

发展动因

规律驱动

企业发展，受到客观规律的驱动，例如，利用规模经济性与范围经济性、网络经济性、组织能力提升、跨区域扩张、纵向一体化与横向多元化、甚至非相关多元化等，以追求市场的成长，争取更高的经营效率，获得更多的发展机会，从而保持更强的竞争力。

在以上过程中，企业的发展行为，还可能受到政府调控与优惠政策的影响，有时流行并购，有时多见拆分。这一切，只要没有超越适当的规模，就不会引发资源、产能、人才、渠道等效率的耗损，会更有助于企业竞争胜出，可从活得了走向活得好。

一旦企业的发展，超越了适当的规模，就会受到非线性与不对称的影响，其后果有时不仅不会带来企业效率与效益的提升，甚至还有可能成为企业的生存拖累，严重的会导致企业关张。例如，行业产能过剩、高息负债拖累等，就是违背客观规律所致。

除了受整体的客观规律制约，在资源供给、市场需求、企业实力容许的范围内，公司战略的进取或知止，其最终的取舍，就更多面临人性的挑战。此时的问题就在于，如何抗拒天上掉馅饼的诱惑，怎么识别看似馅饼的背后，可能隐藏着真正的发展陷阱。

例如，当企业规模做大到一定程度，发现原有熟悉的业务领域不再有空间时，如果还想做大，就自然会考虑相关甚至非相关多元化。一旦涉及非相关多元化，就会进入企业原先不熟悉的领域，此时怎么拓展业务？自己不懂行，就需第三方中介的帮助。

第三方中介，如律师事务所、会计师事务所，还有其他专门从事投行业务的机构等，在协助企业并购时，或会拉郎配。毕竟对这些中介机构来说，无论并购是否真有必要，都代表了一种可能带来收入的业务，在不经意间就存在着促进或推动并购的动机。

并购活跃

并购中介机构的存在，无意中促进了并购市场的活跃，这为想通过并购扩大规模，寻求进一步发展的企业，提供了更丰富的机会。当面对太多机会的诱惑时，即使是原先很淡定的企业也可能变得心中蠢蠢欲动，如此心态下达成的并购，或许并不合适。

从理性的角度看，如果两家公司并购之后形成的新公司，其所产生的效益还不如两家公司独立运行时的效益之和，就意味着，并购没有协同效应，还不如不并购。从现实情况看，可能出于想进入世界 500 强等考量，即使并购无协同效应，仍可能发生。

当然，有并购，自然就会有分拆。例如，有些企业规模太大了，结果效益不佳，就需进行重组。显然，对于从事中介的第三方机构来说，企业间的频繁重组活动，可以带来业务，而且不管最终分拆或并购后的公司效益如何，都不太会影响到中介的获益。

企业的重组，在财务上似乎只是报表合并，但对于实际经营来说，却涉及流程、组织、人员的调整等许多方面，可能会影响到许多人的工作甚至命运，从而触发文化、惯例、流程等的变化与冲突。在此过程中，容易被疏忽的是对于顾客需求的满足。

如果并购没有帮助企业更好地满足顾客的需求，那么实际上就无助于企业竞争优势的提升。很多企业并购的发生，更多是为了提升社会影响力，增强市场话语权，甚至就只是加强垄断，而根本没有想到、也没有精力去想，怎么能够更好地服务于市场。

由此看来，诸如并购重组之类的企业发展，更多反映的是企业做大的欲望，而不是市场的内在规律要求。这样的活动，如果企业做多了，就易消耗其参与市场竞争的资源和精力，结果反而会损害其所能创造的能够满足市场需求的产品或服务的总价值。

逆向思维

大部分的并购，可能只有利于中介，而不利于企业所有者，这也就是为什么，尽管现实市场上有那么多的并购活动发生，但真正成功的并购却不多。毕竟，这其中有许多并购，是外部推动的，并不符合市场内在规律的要求，自然不可能产生协同效应。

进一步看，即使并购反映了市场协同的内在要求，也可能因为对目标企业的出价太高，而显得不合算。对于职业经理人来说，积极推动并购，会有助于提升自身价值，可满足其个人需求，毕竟担任一个小公司的老总，不如担任大公司的总裁更有身价。

理性看待发展选择，对于企业并购，也可以做些逆向思考。例如，在有些行业，处于领先地位，可能会吸引公众的太多关注，遭遇更多的寻衅滋事，此时，企业适当放慢发展步伐，不争什么行业领先地位，或可省去许多麻烦，也能更专注做好顾客服务。

由此可见，一旦企业的发展达到适当规模之后，进一步选择到底做多大，就与客观规律要求无关，而更多地受到企业决策者个人主观偏好的影响。客观规律不可违，主观偏好多随性，但受线性思维的习惯影响，人们可能仍认为，做大是规律要求。

做大，在企业发展没有达到规模经济性要求之前，更多的是出于规律要求，而在达到适当规模后，则并非如此。但人们的思维有惯性，可能会继续觉得做大是必然选择。面对这种情况，当被问到

“为什么不做大？”时，可不妨反问“为什么要做大？”

有时，当企业面对可能的做大机会，表现出犹豫不决时，游说者通常会问：“为什么不做大？”的确，要回答这一问题并不容易，因为这可能涉及主观偏好。而此时若反问游说者：“为什么要做大？”就可发现，游说者给出的理由也并不客观，很勉强。

任期压力

现实中，有些企业家能够很好地把握进取与知止的度，勇于放弃原本可能的发展机会，以便有时间平衡兼顾家庭与工作的关系。对于这种类型的企业家，国外有人将其称为生活型的企业家，相对于许多忙得连家都顾不上的企业家，这类企业家堪称奇葩。

当然，作为职业经理人，受到任期考核等因素的影响，有时甚至会严重到，要么让公司增长，要么被卸任或解聘，此时，做大企业，无意之中就会成为不二选择。据称，近年来，就是由于华尔街对公司短期业绩的过分关注，导致了 CEO 任期的更不稳定。

这样，透过微观企业的战略决策，或许可以看出整个宏观经济兴衰波动的内在规律。试想，如果所有的企业都追求增长，而且是在原有基础上的增长，那么，从类似全球金融危机爆发而致的经济低谷开始，市场最多可支撑几任 CEO 所希望的增长目标呢？

假设 CEO 的一个任期为 3 年到 4 年，希望实现年增 3%到 4%

的目标，平均来说，最多或能持续3个任期，也就是9年到12年，这种由各企业的增长追求所推动的经济回升，就会超出市场实际所能承受的极限，从而引发新一轮的泡沫膨胀甚至经济危机。

宏观经济难以规避的兴衰涨落，实际上源自人类主观心理与客观规律的共同作用。从一个经济低谷开始，受人们主观的增长欲望所推动，经济增长会惯性地达到市场难以承受的极限，然后因遭遇规律制约而碰壁后，掉头向下，直至进入新的经济低谷。

了解整个经济所存在的这种涨落规律，也就是大概过个七八年再轮回一次，可让人更清醒地认识到，企业发展战略的选择，要结合宏观经济的趋势，不能只是一味地为个人主观欲望所主导。要注意，进取增长久了，为避免泡沫膨胀，须适时知止回调。

竞争趋同

为使企业经营少受经济兴衰轮回的影响，公司战略考量，不仅需关注顾客需求的状况与变化，还要把握竞争同行的状况与趋势。认清市场参与各方的欲望动机，才有可能免受竞争压力的误导，减少无意中的竞争忽视，从而真正做到防患未然、趋利避害。

有时，一个企业想做大，只是因为同行在扩张，想着如果自己不跟进扩张，可能市场影响力下降，甚至会更易被竞争淘汰。这就是由竞争压力引发的扩张冲动。只是问题在于，受市场总体容量的制约，若所有的企业都扩张，必将导致全行业的产能过剩。

《止学》指出，“众见其利者，非利也；众见其害者，或利也。”这指出了竞争博弈的特点，其中可能存在合成谬误，也反映了一种无意中存在的竞争忽视。如何走出这种竞争趋同的困局？对顾客需求，可以顺势而为；对同行竞争，多用逆向思维。

“一哄而上，没有赢家”的闹剧，在现实中不断上演。例如，国家出台优先发展产业扶持政策，各地政府竞相加大力度配套，使得每个准备入行企业都信心满满，这样结果定然是，众人热投的厂房、设备等真正量产之时，也即全行业产能过剩之日。

考虑市场竞争的存在，在满足顾客需要的前提下，越是凭实力做成了大家都觉很难做成之事，就越有可能真正存活。除非产业处于某些特殊的启动期，可能需要吸引更多的竞争者参与，以动员更广泛的资源，营造店多成市的氛围，共促新的消费行为！

一个行业，当大家都不看好，觉得搞不定的时候，企业进入，胜出可能性大；当大家都看好，觉得能搞定的时候，企业进入，麻烦会多一点。这种逆向思维，想清楚很容易，但要按此操作，做到位似乎并不容易，除了实力，有时需定力，有时需魄力。

现实纠结

现实中因为存在竞争，无意中会让人觉得，活着，关键是要不断做大，争取资源，抢夺市场，从而做强，以实现战胜对手之目标。

实际上，如此思考，太过关注竞争，很可能偏离“活着”初心。活着，其实更重要的是战胜自我，而并不一定要战胜谁。

有家公司，从事进出口业务，规模不大，盈利也行，其老板声称，非常欣赏“小而美”。只是谈及未来发展，该老板提出的却是前后向一体化、横向多元化等，也就是要做“大而全”。问其原因，说是如此可引起当地政府的重视。这到底又是为什么？

为更有面子？为经营安全？还是为了别的什么考虑？这么一家很小的进出口公司，其所做的生意，与政府根本没有什么关系，却在担心规模太小，政府不会注意它。可见人有钱后，在无意识中，就会希望做些更有影响力的事，能够吸引更多人的注意。

另外有家企业，由国外公司投资，在国内销售一种海产品罐头，面对的是非常细分的小众市场。经过多年的努力，形成了基本稳定的市场，产品销售不错，市场份额很高，盈利情况良好。谈及未来发展，公司老总却说，企业文化太稳健，缺乏进取精神。

为此，该老总说，想扭转公司的文化，打破四平八稳的局面，以推动公司的创新，试图投资一种新的软饮料。在这里，企业的发展，是由老总的个性偏好推动的，想扭转太稳健的文化等，就只是借口。关键是没有挑战，缺乏激情，他自己想找突破口。

作为职业经理人，追求个人职业生涯的激情突破，无可非议，但若以此让公司发展也随个人激情起舞，则可能有点问题。公司发展，需看业务性质、市场竞争、整体定位等，不能仅凭个人喜好，随意改变其内在轨迹，对此最好董事会能把关。

人心多变，喜怒无常。有钱，受诱惑，就更如此。例如，稳定了，想有所变化；动荡了，期盼相对稳定。有安全稳定的基础，无意中都希望，自己的人生能丰富多彩，可以尝试不同的东西，经历更多的过程体验，这可能也是企业多元化的最原始动机。

有家企业，业务经营稳健，盈利情况良好，结果被创投看中，反复游说其争取上市。上市，还是不上市？老板内心很纠结。上市的好处，创投公司已反复说明，可以增强资本实力，引进职业经理人，健全企业制度，提升管理水平，争取更大发展机会。

不想上市的原因就一个，老板个性喜静，内敛低调，企业由其一手打造，不愿企业经营因股权稀释，受更多人的干预。目前企业的业务专精，管理非常简单，所以，一想到筹备上市，还有上市后的许多新增而不熟悉的事务，老板心中就觉得有点烦。

对于企业老板来说，上市的更大诱惑可能还在于这样两点：一是，可以获得真金白银，有更多的可支配资源；二是，如果自己什么时候不想干或干不动了，可随时变现，退出经营。这些说辞极具诱惑力，通常不在台面说出，因而更需人们冷静理性地对待。

实际上，对于那些目前盈利状况良好，因而能够成为创投目标的企业来说，应该都是不差钱的，获得更多的钱也只是名义上的，并不会对其生活品质产生实质性影响。至于其他关于引进人才、健全制度甚至方便退出等，即使不上市，也可如此行动的。

当然，对于有些企业来说，比如，行业发展要求，市场竞争驱动，老板个性喜欢，希望争取更多资源，以帮助不断做大规模，那么，上市可能就很有必要，可提供更大的平台，带来更多的机会。可见，面对上市诱惑，到底如何取舍，并无统一结论。

发展挑战

情感与理智

对于有钱怎么办的思考，只要比较一下，人们无意识中会做的，与理性觉得有必要做的，就可以很容易地发现，这两者的最大区别就在于，对于短期诱惑或当下感受的关注，与对于长期影响或互动后果的考虑。当下与未来，公司战略思考，难在如何兼顾。

无意中，有很强的动机想做，逮着机会不愿放弃，有资源实力肯定会做的，通常就是那些能够马上带来名、利、权的事，能够赶潮流不落后的事，例如，规模扩大，形象提升，参与两会等。而无意中，很容易忘了做或拖延不做的事，往往都是短期难见效的。

无意中不太会去做的，比如研发、技改、梯队等，这些事费精力，短期难见效。如果注意到现实中存在的任期考核，那么对于那种为后人栽树的事，人们就更不容易主动去做了。毕竟做长期才可能见效的事，有时可能还会影响短期业绩，甚至个人收入。

对于无意中会有很强动机去做的事，需要防止过度而导致过犹不及；对于无意中很容易忘了去做的事，需要注意没做而影响长期生存。考虑公司战略，如何通过适当的流程安排，将无意识可能做得太过或不足的事情，做得更为恰当，这需长期理性修炼。

例如，对于技术研发、人才培养等，在企业生存活得了时，似乎不太容易重视，若不费心思考，常常就会被日常事务所挤出。对此，公司战略就需工作细化，通过制度约束，将其从项目、人才、资金、机制等给予全方位落实，以免无意中因忙而忘。

从守底线看，清除魔障，规避陷阱，也是进取过程中，人们无意中容易疏忘的。当企业有盈利活得了时，一切似乎都是顺风顺水的，此时风险就可能逐渐累积。对此，公司战略在关注当下活得好时，必须强化底线思维，警惕哪些做法可能危及活得久。

风险与防范

企业发展，规模变大，易成官僚，响应不灵。应对外部不确定，需冗余储备；应对内部不确定，需制度流程。危机应对，手中有粮，心中不慌。例如，充分的备用现金，互信的管理团队，良好的顾客关系，这些都有助于企业抵御危机，提升存活可能。

关于抗风险，有些企业采取抱团取暖做法，例如，采取垫款、代付、担保、赊账等做法扩张业务，采取资产相互抵押争取银行贷款。这些做法，一荣俱荣，一损俱损，多属于风险转嫁与放大。风险防范，需降低风险，建防火墙，如增加现金储备等。

增加现金储备，降低财务杠杆，更能抵御风险。只是这样一来，又回到了初始的问题，手中有钱后怎么办？想用钱挣更多的钱！这样，欲望的膨胀，本能的冲动，重新会出现，而周边的人，也会不断地找上门，提供各种机会诱惑，极易引发或促使欲望膨胀。

企业有钱了，欲望想做大，政府会支持，银行也愿帮。但欲望驱动，易忘理性，须随时自警，进取求发展，知止守底线。凭欲望驱动，若过度膨胀，透支现有实力信用，则一旦放大的规模或产能，无法获得有效的市场需求增长的支撑，后果不堪设想。

基于市场不确定变化的考虑，如果欲望超越现实过度膨胀，就总逃不了变化的打击，这是规律，不可回避。实体商品市场如此，虚拟金融市场也如此。要想经受变化冲击，做到不仅不受损而且还得益，甚至受的冲击越大，得益也越大，需要怎么做才好？

试想一下，企业有钱时，若将积累的现金，多做些研发、人才、善行、美德、健康、能力等方面的投资，这些所有的支出都是可承受的，即使全部失败没有回报，也不会给企业存活带来冲击，但是却可提升企业应对变化，特别是从变化中得益的可能性。

脆性与反脆

以上所提出的有钱怎么办的建议，体现了“守底线、抓关键”的原则，若借用塔勒布 *Antifragile*（中译本《反脆弱》）一书的提法，就是具有“反脆性”。在这里，若将脆性当作正命题，则反脆就是反命题，就是对脆性概念的逆向思考与运用。

脆性，就如一只玻璃杯所具有的属性，叮叮当当轻轻击打，可能不会受损，而若将所有轻击累积为一记重击，则有可能完全破碎。反脆，正好与脆性倒过来，好似有个东西，叮叮当当轻轻击打，可能有点受益，而若累积一记重击，则有可能大大获益。

反脆与脆性，提示了变动与其影响的非线性关系。例如，如上所述的累积的一记重击，其所产生的损与益的影响程度，远超力度与此一记重击相当的许多次轻击所能产生的影响效应的简单叠加。战略思考需关注此类影响的非线性及损益的不对称。

企业盈利了，有净现金流，此时，只要不大手大脚地花，即使有负债，若现金流能支撑，就像经受轻击，对企业的生存不会有任何影响，但如果一次性地进行大投资，甚至高息举债大投资，那么一旦项目出现问题，所面临的就将是企业关张的危险。

由此看来，花钱或负债扩张，对于企业生存来说，具有脆性影响，在做大规模投资时，必须要有底线思维，考虑万一项目失败了怎么办。反之，如前面提到的，企业花钱，做研发、人才、善行、美德、健康、能力等方面的投资，在应变中就有反脆作用。

另外，企业有钱时，还可以做一些有助于经营与生活更稳健的事情。例如，家庭或企业的“稳生基金”，也就是做一点储备，建立为企业生存、个人生活提供保障的基金，不要将所有的鸡蛋放到一个篮子里，这也就是基于底线思维的抗风险、防意外投资。

淡定与善行

基于知止的底线思维，即使对资本经营来说，也非常重要。一些企业或个人，在股市向上时，进行高杠杆配资炒作，将自己仓位结构变得极端脆性，特别是对于市场的向下波动，几乎就没有任何的抵御风险能力。如此一有风吹草动，难免损失惨重。

面对市场的波动，构建企业经营的反脆结构，要求人们非常理性淡定。例如，当市场高位运作时，能够做到心中不贪，手中多有现金储备；当市场处于低谷时，能够做到心无恐惧，手中持有更高仓位。这就是古人所说，“贵出如粪土，贱取如珠玉。”

这个反向操作，要真正做到，确实很不容易。实际上，金融市场的运作，其短期甚至长期的价格涨落，都是建立在多空观点的相互博弈基础之上的。在这里，最终挑战的是人性，是环境的压力，是内心的欲望，还有更难把握的是无数参与者的心理。

从长期的角度看，公司战略关注活得好，平衡兼顾进取与知止的关系，似乎自然涉及活得久，也就是提出了应对环境变化的反脆性要求。例如，广结善缘，营造良好的互惠共生业态关系，大家合作做生意，活得了也活得好，开心快乐，或许还能活得久。

企业活得好，以生存盈利为客观基础，最终涉及个人的主观感受。基于人的主观感受，考虑企业发展问题，如果能够做到，不仅让人当下感觉好，而且还能持续感觉好，则对于经常一起打交道的各方，甚至骨干员工来说，也可说是一种幸运与福分了。

企业有钱后，为留住骨干，服务好顾客，怎么做才好？给员工提供良好的工作环境，尽管物质条件很重要，但不能忽略人之感觉，尤其是对于知识员工、创意人员来说，那种由内而外地对人尊重，让人充分展示才能、从而获得建功立业的机会，或许更重要。

面子与考核

现实中，一个企业长期处同行领先地位，如果在某总裁的手中变成第二，其内心会不会有压力？这种压力到底又是什么呢？面子，显然是其中一个非常重要的影响因素。人要在社会中生存，面子大于天，有面子，什么都好说，丢面子，让人很难接受。

理性看，做企业不应为面子，而应为里子，这就是俗话说的“争财不争气”。感性看，问题就复杂了，会不会因为面子没了，最后危及企业的品牌形象，从而反过来影响到企业的盈利，影响到企业的生存活得了，这样自然就谈不上企业发展活得好了。

企业内部考核，也会传递无形的面子压力，更何况有本位利益存在，行为就更易受考核影响。例如，某国有企业集团，为利润考核，十多年没给下属工厂员工涨工资，工厂的厂长觉得很不合理。后来，该厂长被提拔为集团分管副总，其做法却更变本加厉。

企业内部考核，如何确定目标，常让人纠结。若定得合适，可以唤起激情参与，若定得不当，情况就会不妙。例如，当员工觉得目标太高做不到，而且实际也没达到时，通常就会认为，是由于领导无能，目标定得不合理，而不会觉得是自己无能达不到。

当然，在一个特定的圈子里，比如同行、同事、同学面前，有时事情做到了一定程度，人们会发现，若再稍加把劲，就有可能更上一层楼，这种挣面子的微妙心理，极易诱发冲动行事。此类情况的出现，就如竞争引发的群体非理性，其长期影响或不妙。

进取心可能带来更高业绩，也会牺牲许多东西。有研究指出，与寻求安逸者相比，积极进取者的幸福感并没有显著增加，平均而言，寿命较短。这或许是因为，积极进取，太过拼搏，无意中会损及健康的生活习惯、稳定的家庭关系和深厚的社交网络等。

扩张与瓶颈

积极进取，做大企业，可凭本能驱动，至于是否有能力做成，有市场支撑，有资源供给，能抗拒竞争，还需理性指导。公司战略决策，需防无意识的盲目扩张，也就是那些感性本能很想做，而理性分析表明，没必要、不能做、甚至根本做不到的扩张。

注意到，欲望的膨胀总会快于能力的提升，有钱了，可支配的资源多了，并不意味着打理资源的能力也会随之同步提升。许多出大问题的企业，通常此前都很盈利，不差钱，甚至还上市筹到天量的钱，后来因为玩不转突增的财富，而终将自己玩完了。

根据系统思维，当企业很缺钱时，有钱就会好办事些；当企业不缺钱时，能力就可能成为瓶颈；当有钱也有能力做扩张时，或许市场需求就成了瓶颈；当企业有钱、有能力、有市场时，可能资源供给会成为瓶颈。公司战略，抓关键，需弄清瓶颈在哪里。

互联网的“+”与“-”

新兴的互联网领域，随着参与主体、涉及领域、影响范围的拓展，自然就会产生更为复杂不稳定的多方互动或相互影响，容易形成充满活力与诱惑的无常业态。对个体来说，其中馅饼与陷阱并存，偶然之中隐含着必然，从中总可看到成功英雄的星光闪现。

少数人偶然的成功，会引发更多人的梦想、幻想甚至是妄想，从而吸引到更多的资源如饿虎扑食或飞蛾扑火般地投入其中，这就是市场狂热时“互联网+”的境况。大家都知道，资源稀缺，财力有限，天下没有免费的午餐，处处做加法，在何处做减法？

皇帝新衣在飘，美妙音乐在响，谁都不愿打破这梦幻，谁都觉得自己不会被减法。总体上看，也许只要欢宴持续，最终根本不必担心没有人来买单，只是对于其中的个体来说，出来混总是要还的，当大清算之日来临，笑到最后的才算真正的为王剩者。

在这里，狂欢中别忘了全球宏观的大势所在，去产能，去库存，去杠杆……到底去在何处？哪个领域？由谁承担？在整体热闹非凡的无常业态中，对于身处其中的个体来说，其生存却是极为艰难，充满着不确定，此时可能最需要的是余粮、存粮或干粮。

面对看不清，手中有粮，心中不慌，这是永恒的真理。对企业来说，若有净现金流保障，即使接受挑战，冒点能承受的风险，最终跌倒也不怕，还可爬起重新再来。而若短融长投，资金期限错配，甚至高息负债投入，则一有风吹草动，灭顶之灾难逃。

现实中，面对馅饼诱惑，要做到淡定守底线并不容易。许多出问题的企业，此前通常都是在行业中做得不错的。正是因为其当时经营良好，赢得了信誉与口碑，银行愿大规模授信，亲朋好友愿借钱支持，才更有可能无意中掉入过速扩张而难自拔的陷阱。

发展的关键与底线

实际上，除了投资规模扩张，有钱还可以做的事很多。例如，增加研发、人才、品质、合规方面的支出，以加强企业的实力储备与发展后劲；继续做好业务战略，创造与提供市场更好的产品或服务总价值；增加企业现金冗余，提升整体抗风险的能力。

需要注意的是，在企业有钱做大的过程中，也会如个人有钱消费时一样，不经意间就会出现成本或支出自动膨胀的趋势。例如，在企业的许多方面，希望提升档次，改善整体形象，结果推高了成本。这样，伴随市场竞争加剧，企业盈利空间必将严重缩水。

公司战略追求发展，不能忘了业务战略提供的生存盈利基础。为此，在企业不断做大规模的过程，不妨留意一下人均盈利及资产回报率的波动情况，关注一下是否出现了严重的下滑，看看到底是由于竞争加剧而致收益下降，还是因为成本增加太多。

应对发展的挑战，公司战略必须坚守底线，真正做到“宁可盈利不做大，不要做大不盈利。”否则的话，随着企业的发展，无意中就极有可能陷入这样的困境，规模不断扩大，产能日趋过剩，负债率越来越高，盈利越来越少，结果使得经营反而难以为继。

有企业老板谈到，随企业规模做大，有了跨区域扩张，结果经常出差，到处奔波，个人与家人的生活空间受到了极大的挤压，感觉自己反而不开心了。另有老板说起，随着业务做大，管理事务变繁杂，常常疲于应付，甚至一想到要去公司上班就浑身不爽。

讨论公司战略，希望发展活得好，无意中人们会更多地关注，抓住一切可能的机会做大业务，甚至不惜高息借贷进行大规模扩张。这样的结果，易背离业务战略的生存活得了原则，忘掉战略的初心。企业活着，抓关键，守底线，求发展，谨防过犹不及。

基于理性思考，在坚守底线、生存无忧的基础上，企业不妨多做些新的探索，只要在失败能承受的范围内，都可适当尝试。例如，寻找投资增值机会，专注顾客创新跟进，关注潜在的客户，开拓潜在市场与潜在顾客的需求，做更具前瞻性的创新项目储备。

这种思路也可拓展用于民间借贷的分析。若将这种借贷看成是投资，就需考察资金最终的真正去向，其所用于项目在支付了所承诺的借款利息后，是否真的还能存活。否则，出借者就须自问，万一本息泡汤，能承受吗？这里依据的也是拒诱惑的底线原则。

企业有钱，除了可以做与经营相关的实力储备，也可考虑安排家庭生活保障的基金，当然，还可以做慈善救助、爱心奉献、回馈社会等，只要完全出于个人自愿，投入过程各方开心，可以产生实际效果，不太在意虚妄名声，就都会有不错的长效心理感受。

发展途径

了解企业发展的动因以及影响发展抉择的因素，做出了合适的发展决策，此后涉及的就是采取怎样的发展途径与方式的考量。例如，专精集约化、跨区域拓展、纵向一体化、横向多元化、业务组合重构等途径，以及进入、退出、调整等方式，该如何选？

就企业发展的具体方式来说，进入新业务，有并购、自创、结盟这样三种做法；退出原业务，有出售、转让、关闭这样三类做法；对企业的业务做动态调整，可以采取的做法有整顿、紧缩、重组，分别用以消除混乱、应对衰退、重构多业务比例关系。

企业发展的每一途径与方式，无论是涉及现有领域，还是新领域，都需解决众多参与者之间怎么合作的问题。合作，涉及名、利、权关系的处理。许多情况下，利益分配还容易解决，而一旦涉及谁控股、谁拍板等，关乎名声、权力、面子，就易引发冲突。

专精集约发展

专精集约发展，就是将企业所涉的业务做深做透，以最优技艺、最低成本，实现最高价值或性价比。对任一业务来说，都有其自身的经营特点，受地理位置、客源规模、服务品质、成本控制等因素的影响，只有聚焦于适当的经营规模或范围，才可盈利生存。

例如，有家仅容 10 张小桌、面积 50 平方米的小吃店，生意红火，每天的中晚餐时间，有客人排长队。后来规模扩大了好几倍，开成大酒楼，却因开支过大、生意清淡、经营亏损而关门。再后来，开成规模约为当初“小吃店”两倍的风味馆，生意又不错了。

采取集约经营的做法，对于小企业来说，可以在某些局部领域，建立起独特的竞争优势，以应对强大对手所采取的全面出击战略；

对于大企业来说，可以提升职能或区域组织的专业化程度，强化自身的优势。当然，集约过度，可能会削弱企业经营的灵活性。

跨区域拓展

跨区域拓展，需要入乡随俗，扎根当地，才可盈利生存，也才有可能促进活好、活久。由此看来，即使是全球化经营，也需以本地化立足为基础，这就是全球化即本地化。能够做到每个落地业务的生存盈利，就可保证企业跨区域拓展的整体活得好。

有笑话说，在一个有许多同行企业集聚的区域里，有企业标榜自己“全球第一”，另有企业号称自己“全国最佳”，还有一家企业宣传自己是“本地最好”。对这些广告，若问“哪家的说法最容易被验证？”显然，更易被验证的，会让人感觉更靠谱。

跨区域拓展，要有落地功夫，怎么落地？八仙过海，各显神通。例如，麦当劳称自己是“国际品牌的本地公司”，公司本地，品牌国际；宝洁公司称自己某一产品品牌是“知名的国际企业推出的中国品牌”；汇丰银行号称是“有全球网络支撑的本地银行”。

一体化与多元化

纵向一体化，除了需克服进入新业务领域可能遇到的障碍外，还需应对由此所带来的产业链上下游环节企业间竞合关系的改变。

另外，布局于同一产业链的上下游，涉及较大投资，需要平衡上下游多环节的产能，以应对最终需求震荡所带来的市场冲击。

对于横向多元化，从实业经营的角度看，如果太过多元化，全面出击，就易分散精力，影响到企业做专做精，从而不利于存活；从资本运作的角度看，难题在于挑项目，挑团队，或可相对多元化一些。所以，可否多元化以及多元化到什么程度，无定论。

对于有些老板来说，尽管手中很有钱，也想多元化，但如果其个人的领导风格是事必躬亲，对谁都不太放心，什么都要自己一手抓，那么，就很难进行多元化，毕竟多元化可能涉及其不熟悉的层面，此时如果老板不愿放手，其他人是很难开展工作的。

专精与多元化

关于专精与多元化的关系，既有人认为，企业做大，应该“小钱集中，大钱分散”“不要将全部鸡蛋放在同一个篮子里”；也有人觉得，篮子多了费事，“与其把鸡蛋分散放进不同的篮子里，还不如把所有鸡蛋都装进一个篮子里，然后看好那个篮子”。

以上提法，涉及专精与多元这两种决策的本质，能否识别出优质业务？到底经营多少种业务为宜？是否具备相应的企业实力？对于这三个问题，实践中并不存在统一的解答，有必要区别不同企业的环境、使命、实力三假设情况，相应采取不同的做法。

企业发展所经历的是一个由“集约发展到多元经营，再到相对专精，然后再多元经营，再专精发展”的循环演化过程。没有多元经营，难以产生业务领域的突破，没有专精发展，难以形成企业特色。从这个角度看，专精或多元，很难断言孰优孰劣。

多元化时机

对于专精与多元的战略选择，涉及经营业务的调整与重组。例如，如何对现有业务进行改造、重构，以求更好的发展？在什么时候、什么情况下，更适合或更不该进行多元化经营？认真考虑这些问题，有助于从根本上弄清多元化经营的时机与前提。

企业多元化经营的时机选择，既需要考虑新业务的未来发展趋势，也需要综合企业实力与现有业务市场潜力的情况，这就是说，要以企业对新业务发展前景、现业务市场潜力及自身实力的判断为基础，根据不同的情况，采取相应不同的多元化经营选择。

一般地，如果企业在现有业务市场的发展潜力很大，就不应分散精力搞多元化。如果企业在现有业务市场的发展前景堪忧，而自身又具有强大的实力积累，就可以优先考虑多元经营的选择。否则，企业就必须慎重考虑，是否应该进行多元化经营。

多元化三问

必须看到，任何企业所拥有的资源、能力、信誉等实力，总是带有一定专用性的，而多元化经营可能会对企业提出新的实力要求，特别是当企业试图进入与现有业务毫不相关的新领域时，这种对于新实力的要求，往往会超出企业现有实力的支撑范围。

以下将基于动态竞争与长期视角，特别地从“进入、立脚、发展”这样三个角度出发，给出关于企业多元化发展需考虑的核心战略问题。通过对这些问题的理性思考，可以帮助厘清企业多元化的思路，解决企业在多元化发展中所可能遭遇的决策难题。

其一，从“进入”角度看，需要回答是否“进得去”的问题。企业在现有业务领域有优势，不一定就能帮助其成功进入新业务，要想在新的业务领域取得成功，可能需要新的优势。这不仅要求企业现有业务有优势，更要求能在新领域取得相对竞争优势。

进入一个新领域所要求的优势，应该作为整体来看待，许多情况下，仅仅拥有其中的部分优势是不够的。例如，对于一家实力强大的软饮料公司来说，要想进入酒业，即使拥有分销渠道等许多相关的优势，也可能会因为缺少核心的优质酿酒能力而难以成功。

其二，从“立脚”角度看，需要回答进入新领域后是否“站得稳”的问题。有时，依靠强大资本实力，可以强势进入新领域，但进入之后，需要超越其中的现有竞争者，并在竞争中站稳脚跟，最终成为其中的优胜者，要想做到这一点，似乎并不容易。

互联网时代，多见跨界经营，有时凭借的是完全不同的技术支撑，可以很容易地突破现有产业的壁垒，从而顺利开辟新的市场领域。但是，即便如此，真要在进入的领域中扎根、生存，并且做到活得了、活得好、活得久，似乎这样的成功企业也不多。

其三，从“发展”角度看，需要回答的问题是，进入并在新领域站稳后，未来是否愿意“有发展”。有时，进入新领域，可能需舍弃原业务，此时，必须考虑企业的长期使命定位，如果真的能够进入新领域并站稳，内心是否真有兴趣在其中长期耕耘？

多元化进入新领域，企业必然会经历新的过程，作为长期战略的一部分来考虑。如果体验新过程，积累新实力，无论一时成败得失如何，企业都愿意承担，则这样的多元化经营，可以看作是符合企业使命的追求，否则，就只能当作短期赚快钱的尝试。

多种发展动因

以上从一般概念的角度，讨论了多元化与专精发展的关系。就具体企业来说，在做出是否以及如何多元化的决策时，可能会受到多种动因的影响。例如，为了拓展市场、储备机会、分散风险、善用资源、增强实力，还有其他各种说不清、道不明的原因。

有时，一个企业采取多元化做法，表面上人们根本看不清是什么原因，也许只是为母公司的战略服务、为加强对企业的控制权、为无意识的跟风赶时髦、为满足决策者的内隐偏好等。这其中的一些动因，可能并不能摆到台面上明说，却又深具影响。

当然，以上所述的发展途径，更多关注业务、规模的外延拓展。从内涵的角度看，企业发展的途径，还可以采取更为综合的集成化、平台化、专家化的做法，通过对产业链多环节整合、为多主体提供配套服务、给顾客创新解决方案等，以形成综合优势。

第6章　主导逻辑

本篇公司战略，主要关注企业稳健发展活得好的问题，特别是如何兼顾战略的积极进取与知止不殆的关系问题。具体地，前面一章讨论发展思路，涉及企业发展的动因、挑战与途径，回答了企业有钱后可能会做什么、应该做什么以及如何做的问题。

在解决了企业稳健发展的做事决策后，本章“主导逻辑”讨论进一步可能遇到的为人决策。公司战略关注的谋大事，不是仅凭少数人的力量，甚至也不是在一个任期内，就有可能完成的，因而需要关注企业灵魂，如制度文化价值观等的共识与传承问题。

具体地，作为长效措施考虑，如何借助流程、制度、文化建设，构建良好的目标共识、成果共享、协同共事机制，形成能够指导人们做事的核心价值观，以作为企业的灵魂或精神得以传承，借此化解可能出现的战略决策冲突，这就是本章要讨论的。

代际传承

企业发展，从活得了、活得好，到活得久，自然会遇到多代领导人之间的交接棒问题。为了解决领导人的代际传承与轮替问题，现实中，既有企业家苦于一时找不到人接班，也有企业家因为候选人太多而难以取舍决断，从而提出“轮值 CEO”的制度构想。

从决策机制的角度考虑，对于代际传承所涉及的两个核心问题：接班人如何选拔？意见分歧谁拍板？轮值制度似乎并未给予回答。一个好的决策制度，应该能够做到“谋众断独”，这就是出谋划策过程能做到集思广益，方案抉择时有人能够果敢决断。

轮值制度只解决了“谋众”问题，而没有解决“断独”问题，也就是并未说明在众人看法不同时，由谁以及如何做出决断。也许，一旦出现重大决策的意见分歧，可能仍需幕后元老站出来拍板定案，若如此就表明，企业的实际权杖并未真正完成交接。

就轮值 CEO 团队成员的选拔与产生来说，借鉴政治制度设计与运行的经验可见，世袭独裁会受血亲关系所限难有持续活力，全民普选会因党派纷争、急功近利难有整体长期共识，或许只有集体领导、轮替接班才更有可能保障组织整体的长期健康发展。

交棒前提

就企业的代际传承方式而言，现实中存在着多种不同做法，如子承父业、分业而治、能人治理等，这其中有些做法更多地依靠子弟兵，另有些则更多地依靠空降兵。这些做法形式各有不同，其本质相同，所关注的重点都是个体上的新老交替问题。

轮值 CEO 制度的真正运行，需要从创业时的个人英雄主政，过渡到精英团队成员的轮值领导，这其中涉及了两种显著不同的组织惯例或基因文化的交替，要想做到真正有效地顺利完成形式与内涵的代际交接，至少应该具备以下两个基本前提。

一是，主政的创业者愿意主动引退，或者因健康原因真正到了非退不可的情况。这里涉及的是有形的“身”退，如果做不到这一点，那所谓的轮值 CEO，可能所起的作用就只是名义上的企业领导，而实际上却是幕后垂帘听政者的牵线木偶。

企业创始人想做到主动引退，需有自知之明，不太贪恋权位，更多关注企业发展。例如，有位企业家在电视访谈节目中被问到为什么这么早就退居二线时，回答说，担心自己年纪大了会变得缺乏闯劲，从而在无意中成为影响甚至阻碍企业发展的绊脚石！

尽管从年龄对企业经营的实际影响来看，有些业务领域的创新更需要长期的经验积累，而另有些业务领域的创新则更需要跨越式的突破，不能简单地仅凭年资深浅判断是否适任。但是，代际交替的真正实现，还是需以在位者的有形“身”退为前提。

二是，创业者能将精力淡出企业经营，形成新的兴趣。这涉及的是无形的“心”退，如果做不到这一点，身退而心难舍，时不时地对继任者发表点“高见”，提出些“建议”，就会使得继任者左右为难，到底听还是不听前任的好心“指点”？

例如，某公司董事长自称采用了总经理轮值制，很好地解决了接班人问题，公司效益多年来一直不错，但打开该公司网站，所见的均是董事长个人言行的报道，罕有轮值老总的想法或声音。这意味着，该公司的总经理轮值制，实际上只是流于形式。

对于“心”退，通用电气的杰克•韦尔奇当年在退休时曾提道：“我退休的原因不是因为我年纪大了、身体不好、头发掉光了，而是为了给 GE 注入新鲜血液和思想。我是拥有智慧的，但我拥有的是昨天的智慧。如果待在这个职位上，对公司却没有新的思想和新的血液注入，对于一个 CEO 或者一个创始人是最糟糕的情况——该结束的时候就结束！”

自知之明还需辅之以知人之明，在位者能够谦卑地认识到长江后浪推前浪是一种历史趋势与必然，从而做到发自内心地适时主动引退，为企业所选定继任者其才能的发挥腾出空间。

梯队建设

要真正做到形神、身心的同时退出，对于创业企业家来说，十分不易。毕竟是自己呕心沥血、拼搏打下的江山，除非到了别无选择之时，否则，要做到主动引退，将其拱手交到他人手中，在情感上总是会有点难以割舍的。

作为理性思考，对于任何企业来说，为了持续盈利与发展，必须要有管理团队与人才梯队，不能仅依赖于少数能人，否则，企业必将会因后继乏人，面临被更强竞争对手淘汰的结局。对于这一点，即使采取轮值 CEO 做法的企业，也同样需要给予重视。

关于接班人问题，万科董事长王石的看法引人深思，他认为：关键“不是如何培养接班人，而是创始人如何学习退出”。李嘉诚认为，成功的管理者都应是伯乐，能够不断地甄选、延揽比自己更聪明的人才。但是，认识到这一点不易，做到这一点更难。

现实中，多见这样一些例子，有些年近七八十岁的创业元老，声称退出经营管理，但过了一阵子，当公司经营遭遇危机时，却又重新复出执掌帅印。个中原因，或是接班人没有培养好，只得老将出马以聚人心渡难关，或是老马恋槽，仍对后人不放心。

所以，企业人才建设的关键在于，建立吸引、使用、培养人才的机制，形成一代更比一代强的梯队格局。就如宝马公司所明确提出的，希望通过人才轮岗等多种措施，确保每个领导岗位至少有一个马上可以接班的人，同时还有两个超级替补储备着。

具体就如何选拔与使用好人才而言，曾任通用汽车总裁的艾尔弗雷德·斯隆认为：世上不存在用人的最好裁判，“只有能做好人事决策的人，和不能做好人事决策的人；前者是长时间换来的，后者则是事发后再来慢慢后悔”。识人，用人，需时间过程熬成。

在用人上，要想少犯错误，需要时间考察，以做出审慎决策，而不能仅凭个人一时之感觉。为了减少个人情感对人才选择的影响，在考虑梯队建设特别是接班人的安排时，企业创始人或在位者必须遵循一定的制度流程，以免选出一代不如一代的继任者。

斯隆指出，用人第一定律有如一句老话所说，就是“别让现任者指定继承人，否则你得到的将是二等复制品”。他言行一致，在安排接班人时，请高级主管委员会做决定，并且不向委员会透露自己心目中的人选。他表示，自己绝不会去主导委员会的决定。

传承过程

有人认为，代际传承不是一个事件而是一个过程，不仅涉及股权、职务、金钱与权力的交接，更涉及地位、身份、认知与情感的转换。这种交接转换过程，对于交棒者、接班者以及其他相关各方来说，都需经过一定时间的心理准备、实践磨合与相互适应，才有可能最终完成，所以，必须提前筹划，以免太过仓促而致权力交接出现问题，进而引发企业经营危机。

对于代际传承，从理智逻辑上考虑，似乎还比较容易抉择，只要看谁更能干，也就是更能带来企业的盈利发展，就让谁接班；从情感联系上考虑，需要解决创业者的心理割舍、逐渐淡出的问题，很难短时内快速调适；从过程体验上考虑，有些创业者可能会以经营企业本身为唯一乐趣，这种情况下的传承，就需为创业者提供平台，使其能够退而不休、老有所为。

代际交替与传承的成功运作，重点在于解决其中所存在的决策机制平稳、平和过渡的问题。为了防止代际传承的滥情或无情，企业创始人除了自知之明、知人之明，还需要有先见之明，冷静应对，理性看待，及早做好规划并有序采取措施做出制度安排。

具体地，可借助企业流程、制度、文化建设，构建目标共识、协同共事、成果共享运行机制；加强自身及高管团队的德性修炼，更好地化解因各人的角度不同、看法分歧、价值观差异所可能引发的决策矛盾，避免由此可能造成的内部分裂与战略迷失。

代际传承过程，必然涉及相关当事人的名、利、权、面子等，这些都很容易在无意中激发出人类的争斗本能。为此，相关各方需要明确各自的角色定位，调整好自己的心态，从有利于企业整体的长期发展出发，加强相互理解，注意顺势而为。

创业者要注意自我超越，摆脱超强的自我成就动机与控制欲望，须知“江山代有才人出，各领风骚数百年”，主动做到功成身退；继任者需尊重元老、忍辱负重、踏实做事，要学会努力证明前任的正确性，而不是无意中显摆自己怎么比前任更高明！

采用轮值制的企业，要确保参与轮值的高管团队具有全局观。为使原先较为熟悉自己所分管条块的高管团队成员，在担任轮值 CEO 时，能够打破部门观念，更具整体统筹的思维观念，可以采取干部轮岗的做法，以形成跨部门合作的习惯与非正式网络。

对于企业整体来说，代际传承的过程管理，需确保企业的长期持续盈利与稳健发展，以形成一代更比一代强的柔性高管团队。从操作上看，特别需要建立在位者的退出机制，以便能够真正腾出岗位与空间，让更能干的后来者有锻炼及施展智慧与拳脚的机会。

现实中，许多未能有效解决代际传承问题的企业，因为既缺少马上继任者，无后备人选，也没有集体决策机制，如此直到企业面临重大危机，创业元老难以招架时，才不得不仓促考虑采取临阵换将的做法，这样自然可能就会显得较为被动与无奈。

持续发展

为确保企业的长期可持续盈利与发展，用于解决代际传承的各种做法，要想取得预期效果，都需要有相应配套制度的支撑，例如，重大决策集体参与、接班人独立遴选、人才梯队储备等，以形成良好的决策机制，从流程与制度上保证战略决策的质量。

提升决策质量，要厘清企业发展的指导思想，即体现在战略决策背后的核心价值观，以及以此为核心的包括制度、文化、组织惯例在内的完整体系，这其中所体现的客观规律要求与主观偏好选择，就是企业持续发展所应该遵循并需传承延续的主导逻辑。

企业的稳健发展，应该遵循的主导逻辑，通常可以大致地分为两类：一是，在涉及事实规律时，所依据的怎么做更有助于弄清情况、从而将事情做到位的原则；二是，在涉及偏好与价值观选择时，组织内已形成共识而需遵循的制度、习俗、惯例与文化。

许多重大决策的做出，既涉及规律认定，又关乎偏好选择，常常涉及众人意见分歧、观念不同、利益矛盾等冲突情况，此时，作为企业的决策者，到底该怎么做？若由一人说了算，可能会形成类似独裁之治；若由多人说了算，可能会引发政治派系。

对于企业代际传承来说，特别是在采取轮值 CEO 做法时，怎样形成整个组织的目标共识、协同共事、成果共享的文化价值观？以便据此平衡整体和谐与个性张扬之间的关系，减少企业内部政治争斗，真正做到“和而不同”、互惠共生，极具挑战性。

代际传承，要关注神传而不只是形变，在构建公司战略，考虑进取与知止关系时，需高度重视企业核心价值观的内涵与落实，以指导并促使相关各方，共同关注企业整体的持续发展，甚至可将德、勤、能、绩等作为指导接班人遴选与梯队建设的原则。

对于家族企业来说，要想让下一代不仅有能力而且还愿意接班，需要让他们对企业建立感情联系。例如，从小开始，吸引他们参与企业活动，培养经营兴趣，而不是从小就将其送到国外，直至长大学成回国，因为对企业毫无接触，自然会感觉很疏离。

有些企业家，为让子女接班，做了长期的谋划，例如，从小鼓励其到企业的基层历练，熟悉业务，结交朋友，增长才干，以此形成经营兴趣。这样，到最后完成接班，自然就很顺理成章。如此干中学，学中干，逐渐历练出来的接班人，通常比较适任。

当然，对于接班者来说，必须做事先做人，注意处理好新老关系。例如，职业经理人需放低姿态，努力证明创业元老的能干，满足“创二代”的个人成就欲，以更好融入企业环境；不要总想着证明自己的成功，而让老板觉得自己的信誉与权威受到无形挑战。

做好接班人的培养，对于处于任何岗位的人来说，都非常重要。一个岗位没有接班人储备，缺少可替代的人，有时想请假都不太方便，还有时遇到很好的提拔机会时，也可能因为上级领导觉得一时找不到该岗位的合适接替者，无意中而被暂缓考虑。

当然，从宏观产业的视角看代际传承问题，似乎只要业态整体的新陈代谢机制完善，则即使其中的每一企业都不长寿，产业整体仍将健康运行。只是基于企业视角，对于自己花费心血打造的事业，人们还是期盼能够基业长青，不会因后继乏人而半途而废。

价值归核

企业发展，基于理性的思考，应该以做强为根本，而做强不可能快速，更不可能什么都做，必须有所聚焦、学会取舍。基于感性的行动，人们更可能追求快速做大，以争取获得名、利、权等各种立竿见影的效果，而相对忽略稳步积累、逐渐做强的考量。

例如，随着企业规模的扩大，企业家的社会政治影响力会提升，这有助于获得更多的社会资源与政策优惠。尽管从长期看，最终决定企业生存的还是市场而不是市长。一般地，无论做强、做稳、做久，还是做大、做快、做多，类似考量都涉及企业核心价值观。

目标冲突

大与强：做大更多涉及产能扩张与市场规模，做强关乎产品质量与创新实力。考察现实，要做到大与强兼顾，极具挑战性。受企业资源与能力等限制，不可能同时做到既大又强时，到底应该先强后大，还是先大后强？这需要企业慎重思考与选择。

快或慢：做大或做强都需要时间，只讲规模不论效益，有可能做到快速扩张，比如，只需加大资源投入，更多利用投资、结盟、并购等机会；而要做到规模与效益快速同步提升，似乎并不容易，因为这需要企业能力与效率的提升，一般很难速成。

取与舍：“取”是对现状做加法，更多关注当前机会的争夺；“舍”需要对诱惑做减法，更多关注发展的长期稳健。对于刚创业的小企业来说，会更多关注各种机会的获取与把握，对于颇具规模的大公司来说，面对众多机会的诱惑，适当舍弃更重要。

从理性逻辑看，人们心中都清楚，应该先强后大，稳中求快，先舍后得，如此才有助于企业生存活得好；但从感性本能看，人们的行为会更偏爱先大后强，放不下摆在面前的扩张机会，往往过度关注了“取”而忘了“舍”。对此，需加强核心价值观修炼。

回归核心价值观

企业核心价值观修炼，需要明晰多目标、多主体、多属性等矛盾冲突，无法同时兼顾时的轻重缓急或优先排序原则，并将此作为确定企业绩效考核指标体系的依据，以引导员工行为朝着企业稳健发展的方向前进。这就是公司战略所关注的价值归核。

价值归核，就是使公司回归到核心价值观，以使人们心中清楚，企业的真正追求是什么，愿意为此付出怎样的代价，遇到不能兼顾情况时该如何取舍。特别地，在企业发展出现迷茫，遭遇规模、品质、成本、利润等多目标冲突困惑时，可帮助做出取舍。

比如，国内有一大型家电公司，面临着成熟市场的激烈竞争，仍将销售增长当作主要目标。为此，各种促销、价格恶战等忙得不亦乐乎，最终销售额做成了老大，而公司的利润却大幅下滑。有同行就此调侃道，“你们公司做第一，我们公司做利润。”

企业发展涉及多种目标，如销量、盈利、品质、规模、速度、市占率等，受各种资源条件或客观规律制约难以同时兼顾时，清楚说明多目标追求之间的长短期取舍关系，区别轻重缓急，给出优先排序，这就是“价值归核”，也即阐明企业发展的主导逻辑。

例如，几乎每个企业都想做大、做强，若再加上无意中还隐含着的“快速”要求，那么除非假设企业是超人，具有无限的资源与能力，否则就根本不可能同时满足大、强、快的冲突要求。此时，价值归核，需清楚界定大、强、快的轻重缓急、优先排序。

再如，对于“多快好省”的要求，考虑到资源、时间、精力等条件的制约，若想在“多”的同时做到“快”，也就是在短时间内实现多个计划的齐头并进，进一步还加上“好”与“省”，就会出现顾此失彼的情况。此时就需价值归核，对多快好省做出排序。

事实上，对于任何企业的业务开拓来说，要想不经过技术、工艺、人员等方面的时间磨合与经验积累，就同时做到“多”与“快”、达到“好”与“省”，实际上根本不可能。这意味着，基于客观规律考量，提出“多快好省”要求，需同时说明轻重缓急排序。

俗话说“欲速则不达”，快速成长更易快速灭亡，这指出了“快”与“好”之间所存在的内在矛盾性。在几乎所有的危机中，均可见到因过分强调速度、规模提升，而最终所引发的系统失衡、管理失当情况。对此，企业核心价值观，必须做清晰界定。

价值观决策

具体地，对于公司战略所关注的发展与稳健，若简单地用速度与品质这样两个指标来衡量，这样，从企业的现状出发，假设能提出同时兼顾速度与品质的方案，也就是可以做到既快又好，通常人们不会有什么争议，方案将很容易通过，这样的决策不难。

现在假设，受诸多因素制约，只找到这样四种方案：方案 A，品质不变，发展加速；方案 B，品质提升，速度不变；方案 C，品质略降，发展超速；方案 D，品质超级，发展减速。显然，这些方案隐含着核心价值观冲突，要从中做出选择，有点让人纠结。

实现多个目标的同时兼顾，有时根本不可能。面对两个甚至多个指标冲突的方案，要从类似方案 A 与 B，甚至 C 与 D 中，做出最终选择，战略决策所涉及的是取舍抉择，必须先弄清自己心中对这些指标的轻重缓急排序原则，也就是所追求的核心价值观。

明确给出冲突决策所需的企业价值观排序原则，在现实中并不容易。因为，许多情况下，在多个目标之间，并不存在简单的可比关系。比方说，对于类似橘子与苹果的方案，或能做排序比较，而对于类似橘子与驴子的方案，可能就很难做简单排序了。

正是由于方案众多很难排序比较，使得人们在核心价值观方面表现出了更多的随意性，也就是在具体方案抉择时，会因具体情境、心境、语境而变化，结果从最终行为上给人传递出隐含的混乱甚至矛盾的价值观，这表明公司战略对冲突决策没有共识。

对 EMBA、MBA 学生的调查表明，正是由于企业缺乏清晰价值观表述，员工不清楚面对冲突情况时，到底该遵循怎样的决策原则，所以，在实际应对多目标矛盾冲突时，通常就只是凭个人感觉行事，也就按照自己内心的而不是企业整体的核心价值观行动。

价值观体系

企业的核心价值观体系，大致可通过三个方面得以体现与反映：一是，企业的使命愿景等描述；二是，绩效考核所隐含的指导原则；三是，员工实际的行为规范。考察具体企业的核心价值观体系，常常可以发现，这三个方面的内容，存在着内在不一致。

一般来说，使命愿景陈述，很是高大上；绩效指标考核，多简单粗暴；员工行为规范，太过伦理说教。这样的结果，易使公司战略成为花架子，说在嘴上，写在纸上，挂在墙上，就是难以落实到实际行动上。其问题在于，企业核心价值观体系内容不协调。

例如，在一些公司的使命陈述中，不乏“顾客第一”“股东至上”“员工为主”“社会责任”等提法，甚至有“实现股东与员工利益的最大化”的宣言，但却没有说明，在顾客、股东、员工、社会等发生冲突、无法兼顾时，人们到底该怎么做才好。

再如，有家公司声称，其使命及文化价值观为“客户第一，员工第二，股东第三……”，整体上不强调盈利目标，希望员工更加关注客户需求，以利实现企业发展的良性循环，但在公司对员工的考核中，却将个人报酬的高低与其绩效直接挂钩。

企业对于核心价值观的追求，经常受到业绩指标的挑战。例如，某公司创始的价值观包括“不作恶”“以用户为中心”等提法，但后来受到追求业绩的压力，对原本被其认为是生而不公的“竞价排名”搜索广告，也就采取了睁一只眼闭一只眼的默许做法。

面临多目标冲突的情况，如果企业的使命愿景、绩效指标、行为规范，分别给出了不同的轻重缓急排序原则，就意味着这三方面的内容本身存在着矛盾，无法就公司战略的核心价值观给出统一协调的指导原则，这也就隐含着，公司战略缺乏实践行动准则。

类似以上的内在价值观冲突，也体现在许多全球领导人的观念中。试想，一方面希望绿色可持续发展，另一方面又希望不断提升人们的生活水平，以为人类有无限创意，世上有免费午餐，地球资源不可穷尽。这实际上就没有表明价值观的核心取舍原则。

价值观漂移

在企业战略决策中，对于所涉及的众多影响因素或指标，必须区别可兼容与不可兼容这两种不同情况。对于可兼容的情况，实际上不涉及价值观判断；对于受客观规律制约无法兼容的，必须明确说明，指导轻重缓急、先后排序处理的核心价值观原则。

对于多目标不可兼容的情况，核心价值观原则的重点在于阐明取舍关系。现实中，如果误判情况，将事实上不可兼容的指标，当作是可以兼容的指标，做逐级分解、层层落实，就会引发企业核心价值观的无意识漂移，给企业的持续发展带来不良影响。

在这里，核心价值观的无意识漂移，是指在面临多指标冲突时，通过企业员工的实际行为所传达出来的指标排序，偏离了按公司战略要求设定的排序原则。之所以出现这种情况，是因为构成企业核心价值观体系的几个方面，存在内在冲突，产生了不匹配。

比方说，一个企业的使命愿景将顾客满意放在首位，绩效指标把增加盈利放在首位，行为规范把遵守流程放在首位，这样，企业或员工的实际行为表现，可能就会更多地关注盈利增长，而不是顾客满意、流程合规，严重的还会为盈利而损顾客、坏流程。

对于公司战略来说，即使理性看清了进取与知止、发展与稳健的关系，但是若在业绩考核中，过多地关注各种具体的可量化指标，而相对忽略重要的不可量化指标，结果员工行为就易受量化指标主导而忘了重要指标，也就是出现价值观的无意识漂移。

核心价值观的扭曲或漂移，会对企业战略决策产生重要的潜在影响。例如，在泰坦尼克号事件中，过度关注时尚、舒适、速度、创收等，忘记了安全第一；酿成墨西哥湾漏油事件的英国石油公司，声称重视安全，盛行的却是“节约高于安全”的文化。

再如，美国航天局对于航天飞机发射的安全考量，最早遵循的是“如果证明是安全的就发射”的原则，而后来受到各种因素的影响，渐渐地转变为“如果没有证据显示不安全就发射”。这体现了完全不同的安全评估标准，表明了核心价值观的漂移。

2011 年“7·23”温州动车追尾事故发生前，当年的 7 月 1 日京沪高铁开通，因为多种因素致列车屡屡晚点，备受媒体的广泛质疑，7 月 19 日有报道称，铁道部强调要认真抓好客车正点率工作。从这前后看似偶然的事件中，不知是否存在着某种必然？

诊断企业是否出现核心价值观的无意识漂移，可以从分析使命愿景、绩效指标、员工规范等内在匹配性入手，只要找到其中的不匹配，就可采取相应的调整措施，以使核心价值观体系各组成部分变成有机匹配的整体，也就是保证公司战略“价值归核”。

一般地，受资源、时间、精力所限，企业通常很难做到盈利、规模、成本、质量、速度等同时兼顾。若过分关注成本节约、盈利发展、规模增长，就必然意味着对品质、安全、持续等的相对忽视，也就是在无意中将企业发展的价值观从稳健推向了冒险。

例如，据报道，早在2003—2004财年，丰田公司盈利业内第一，当时提出目标，要在2010年将市场占有率从当时的11%提升到15%，争取做到全球销量第一。在市场竞争激烈的情况下，想要提升市场份额而又不影响盈利，就必须同时加强成本控制。

为了达成份额提升、盈利保持或增加、成本下降的目标，还要在一定时期内做到这些，使丰田公司对可量化的速度指标的重视，压倒了对较难量化的质量指标的关注，在无意中出现了价值观漂移，也就是偏离了丰田公司原本一直非常重视质量的原则。

显然，考虑到精益生产系统的建立，质量文化及体系的形成，熟练员工与供应链磨合，这些能够提升效率、降低成本的措施，很难短期见效，而要想快速做到上规模、降成本、增利润，最终最有可能被放弃或牺牲的，就只能是产品质量这一重要指标！

丰田后来实现了世界销量第一，但在2009年却陷“刹车门”危机。2010年，大众提出要争取在2018年成为全球第一，2015年上半年超越丰田成为第一，但在9月份出现“尾气门”。在这些看似巧合的事件背后，起作用的是不可逾越的无情客观规律。

对于任何企业来说，从因果关系的自然过程看，公司战略如果关注产品质量、客户满意、财务稳健，结果就有可能带来订单的增加，而这又会导致产能紧张、货期延长、甚至摊薄品质。在这过程中，企业到底该如何取舍，必然涉及核心价值观的思考。

例如，公司是大小订单通吃，来者不拒，还是应该有所取舍？是迅速跟进大幅扩大产能，通过加班加点，快速满足市场增长？还是控制规模扩张步伐，慎重接单，以保证品质为前提，即使延迟交货也在所不惜？对此，公司战略必须认真考量，给出回答。

大企业病与核心价值观

企业做大，容易得大企业病。例如，随着企业规模增大，员工人数增加，老板对每个员工的关心程度摊薄；顾客总量递增，单一顾客受重视程度相对弱化；运营规模增大，内外协调变难，顾客敏感性下降。如此一来，企业经营就渐显响应不灵、大而无当。

麦肯锡公司的研究早就表明，企业并非规模越大越好，大有大的难处。在全球市场价值居前的大公司中，真正非常赚钱的为极少数。这些极少数的大公司的共同特征是，在做大的同时努力使事情变得简单，而不像其他公司那样大而业务与管理很复杂。

化解大企业病，在做大的同时，将做事过程简化，如借助组织重构、权力下放、化大为小等手段，解构集权官僚的组织，使其既具有大组织的力量，又有着小企业的灵活，这是许多大公司所关注与探索的重要问题，也是公司战略“价值归核”的要求。

人类存在着可预见的非理性，有着与生俱来的征服欲与控制欲，在企业发展上，通常总是既想做大，又想能够受控。实际上，这是根本不可能做到的。随着企业不断做大，即使市场需求、资源供给可以跟上，管理能力也难同步提升，定会成为瓶颈。

复杂生态系统运行，其繁荣以变异、自主、学习、适应为基础，甚至需以局部的失控，换得整体的受控。企业发展，规模变大，管理更易趋于复杂化，此时，若能去中心、去边界、分散化、化大为小，这看似退化，有点逆生长，却可使企业自组织、有活力。

若企业在做强做大的同时，围绕顾客需求，打破部门分隔，形成一个个规模较小的社区、部落、集群、团队等内部微组织，让它们与市场融为一体，采取分布式管理，无须统一指挥，只受企业核心价值观指引，就可形成以激活个体为基础的整体实力。

部门区隔的文化障碍

破解大企业病的化繁为简、化大为小过程，是逆本能而动，必须要有企业核心价值观的调整，以消解组织内部存在的相互割据的文化障碍。例如，怎么消除相互分离、部门区隔，形成协同力量？挑战的是人性对于利益、名分、领地的控制与占有意识。

改变人们已有的行为习惯与组织惯性，修炼出新的自适应、自组织习性，不仅需要移除存在于业务、产品、人际之间的有形区隔，更需要化解潜隐在有形区隔背后的绩效考核、身份隶属、部门关系等无形壁垒。这里冲击的是企业与个人的核心价值观。

例如，对于传统银行业就面临着这样的挑战，一方面，大数据、云计算、去中心、去边界、移动互联，这些在虚拟的网络中多已成为现实；另一方面，在落地网点之间，受条块管理、绩效考评等习惯做法的影响与制约，却存在着严重的诸侯割据现象。

表面上协同整合的后台云端，实际上画地为牢的前台诸侯。顾客不能一卡走天下，一号用终身，更不用说网上线下服务的真正无缝对接。即使面临各类互联网金融理财宝的冲击，许多传统银行在网银的金融产品上，对大小客户仍然还是采取区别对待的做法。

平等看待每一顾客，同样对待每一客户的每一元钱，体现了互联网时代去权威、去中心的草根趋势，看似简单，做到不易。因为这与人们长期习惯的做法不同，更与实际社会中无形存在的根深蒂固的等级观念相悖，这也要求有企业核心价值观的根本改变。

总之，公司战略关注稳健发展，而发展活得好，可能面临众多选择，适当把握进取与知止的度，必须确立清晰的以核心价值观为基础的行动指南，明确多目标冲突时的轻重缓急或优先排序原则，以指导企业绩效考核标准的制定，引导员工的战略行为。

制度文化

为将企业核心价值观，最终转变成为人们的直觉信念，使其扎根到员工的行为习性之中，成为组织惯例的有机组成部分，需要借助制度、流程、文化等手段，对核心价值观进行全面深化，通过实践行动的强化，真正做到思及机械记忆、行至本能响应。

从公司战略的角度出发，考察制度文化构建问题，其核心在于为员工提供一个充分发挥潜能、做好顾客服务、提升生命意义的平台，使他们能够在核心价值观原则的指导下，更好地工作与生活，推动企业在生存活得了的基础上，做到发展活得好。

从制度建设来看，人的行为受制于制度环境，改变制度环境，可以影响人的行为，最终影响工作业绩。现实中，制度建设关乎政治过程，会触及并改变社会的分配格局，可能会遇到阻力，需要付出一定的代价，必然涉及力量博弈，需要创新和探索。

制度公正与价值共识

制度是人们选择的结果，好的制度浑然天成，清晰而精妙，简洁且高效。讨论企业制度建设，需要弄清体现在制度设计背后的指导思想，例如，西方伦理学关注的平等、公正、最少受惠者原则等，传统文化强调的“以人为本、以德为先、以法为准”等。

企业制度建设的难点在于，如何将指导思想与实用规章联系起来，这需要得到软性文化等方面的指导、约束与配合。必须指出，制定制度是为了释放员工的潜能，促进相互精诚合作，让人们更好地做事，防止无意识的工作失误，从而保证做事到位。

对于制度设计的指导思想，存在着程序公正与实质公正两种不同的说法。例如，对初始合作的创业团队来说，确定各人的股份比例，一是，初始议定，事后不悔，这是程序公正；二是，先合作做事，项目完成后，按实际贡献，分配比例，这是实质公正。

显然，若创始人团队成员缺乏互信，没有共识，不愿相互谦让，都自认为贡献更大，应该多得一些，则无论采取程序公正或是实质公正的做法，都很难避免可能产生的矛盾冲突，既可能初始就吵，也可能到最后才争，甚至严重的还会闹得大家不欢而散。

一般地，关于长短期、上下游、跨职能的利益分配关系处理，有人认为，到目前为止，理论上不存在统一的解答，没有公认的客观标准与方法，所涉及的仍只是一种决策艺术，更多采用的是凭惯例或习俗、协商或谈判、冲动或直觉、投票或摸索等做法。

例如，跟供应商或客户协商产品定价，企业内部销售、研发、生产等部门利益分配，企业盈利的使用，用于研发，增加分红，骨干加薪。这些问题的解决，都没有绝对标准，找不出客观依据，更多基于力量博弈、主观偏好、习惯做法等的价值观共识。

制度建设与企业活力

具体涉及企业制度设计的指导思想，存在着多种分歧的看法。有人挑战“用人不疑，疑人不用”，提出应该“用人有疑，疑人也用”，问题在于，划分“可疑”与“可信”带有主观性，在疑人思想指导下，很难在用人者与被用者之间形成互信互动关系。

还有人主张“制度疑人，信人使用”，这就是在制定制度时，假设人的本性是恶的，需要严格管理、积极防范；而在人才使用上，假设人的本性是善的，应该大胆放手、发挥潜能。从人际互动的角度来看，制度设计既不疑人，也不信人，或许更恰当。

实际上，制度作为一种手段，其设计目标应体现在如何保证人们更好地做事上。制度设计的周全考虑，不是为了针对谁，也无关乎疑不疑人的问题，主要考虑的是怎样安排活动流程，更有助于人们把事情做好，确保不会出现类似价值观漂移的情况。

良好的制度，有助于人们更好地发挥潜能，为顾客创造更好的价值，让员工看到生命的意义。若从疑人出发，必定会先在内心对员工做不可靠假设，这种假设会影响到心态，影响到领导的行为，企业上下如此互动，自然易导致疑邻偷斧、信啥有啥的结果。

注意到制度与人的行为之间所存在的互动关系，古人主张“无为而治”，认为“事逾烦天下逾乱，法逾滋而奸逾炽”。制度一旦过于烦琐、细致，给员工留的发挥余地就少，再加上制度建设具有滞后性，制度就易成为员工主观能动性发挥的拖累。

现实中，有许多企业在做大的过程中，出现问题就从制度管理上找原因，觉得就是由于制度化工作做得不到位，才出现了管不好的情况。恰恰没有注意到，正是因为许多公司以加强管理的名义弄出了太多的制度，才扼杀了人们的激情，管没了组织活力。

文化建设不立不破

关注企业制度建设，更需关注体现在制度背后的企业文化。如何了解企业文化，有人提出了这样的简要测定法：企业里，究竟什么事情最重要？什么人易被提升？什么行为受奖惩？谁如鱼得水？谁日子难熬？如果用一句话来描述企业，该怎么说？

一般来说，企业文化是指一定程度上能为企业全体成员所接受与共享的固有价值、思维方式、行为习惯、心理期望与信念体系，它是历史积淀的结果，渗透于企业的各个领域，作为影响和决定企业的共识行为规范的基础，一般短期内很难迅速改变。

企业文化可以起到制度起不到的作用。例如，对于前面提到的长短期、跨职能、上下游利益分配关系的处理，由于没有客观标准，此时想化解关于分配公平性的争论与冲突，就需凭借人们对于组织的文化价值观、各自职责、规则惯例等的内心认同。

就公司战略的价值归核来说，企业文化建设需要既保持核心价值观的相对稳定，又能在操作上体现出灵活创新性。考虑文化建设的具体措施时，必须看到，文化理念的形成，实际上所经历的是一个潜移默化的替代过程，不是不破不立，而是不立不破。

建设企业文化，重点在立不在破。立的工作做好了，破也就在其中了。俗话说："地上种了菜就不易长草，心中有了善就不易生恶。"心理学的研究认为，停止思考某一件事的唯一方式，就是思考另外一件事。新理念被接纳的同时，旧理念自然会被淡忘。

考虑到文化的形成往往有其深刻的社会与历史根源，总有其自身的功能价值，在影响原有文化形成的内外环境发生变化前，文化本身往往不易凭空改变。更为适当的做法或许是，在融合原有文化的基础上，找到一种更好的替代文化，从而实现吐故纳新。

对于企业文化的创新，必须看到，创新本身不是目标，它只是一个实现企业使命与目标的手段。基于公司战略的价值归核考虑，就企业实力打造而言，如何结合业务特点与顾客需求，将组织的核心价值观原则真正落实到制度、文化、惯例中才是根本。

企业发展必须要有特色，稳健发展涉及内外互动过程，所以，公司战略关于制度文化惯例，以及核心价值观的思考，最终离不开战略三假设，必须看是否契合使命愿景，能否提升企业实力，可否与环境互适、互动，这就是公司战略需关注的主导逻辑。

第四篇

动态战略

——协同、持续原理

主旨：持续

问题：永续凭什么

对策：敏变与反脆

前面第一篇哲思战略，不忘初心，抓关键，守底线，忘我利他，练本事；第二篇业务战略，专注创新做实事，活得了；第三篇公司战略，进取知止谋大事，活得好。本篇动态战略，进一步考虑时间过程，讨论敏变反脆，以使企业能够历变事，活得久。

哲思、业务、公司、动态四维战略，体现了立体时变的企业经营实况。四维战略中，业务是将点做扎实，公司是面的拓展，哲思是超越点与面，形成三维立体场域，而动态是穿越时间，洞察时空转换。探究企业经营的四维时变，可揭示有机组织的不可逆演化过程。

如本书“引子”所指出的，时间本身就意味着变数、变异、变态，颠覆了静止、稳定、恒久，新常态就是乱局、无常、复杂、模糊的程度提升与过程加剧。对于由此引发的不确定波动，如何趋利避害？如何辨乱处变？这就是本篇动态战略所关注的重点。

导语
——竞合变乱怎应对

企业持续生存发展，可能面临的不可预见变化，大致可以分为两大类：一是自然万物，受各种不可抗力因素的影响，处于永恒变化之中；二是人类行为，受资源有限、生存淘汰、冲突选择等因素的作用，社会及人际竞合互动行为会引发不确定后果。

变化，只要涉及的影响因素或参与主体很多，就会具有复杂系统的特征，对于可能出现的未来态势，很难事先做出预判。比如各种天灾人祸，还有由无数人参与博弈的金融市场等，无论政府怎么努力调控，均难摆脱泡沫膨胀累积到最终幻灭的不断轮回。

面对变化，要想活得久，从变中受益，一方面需与时俱进，学习适应；另一方面要认清规律，因势利导。如此才有可能做到，超越竞争，超越变化。超越竞争，可善用竞争，通过精诚合作，增强实力；超越变化，可善用变化，通过趋利避害，历变增益。

就超越竞争而言，竞争不能解决的事，可用合作共事来解决，再不行还可采取隐身回避竞争的做法来解决。有时企业经营失败，并非因为无能没做好，也不是什么战略失误，就因为对手太强大，此时若能注意规避竞争，减少直接冲突，或可超越竞争。

就超越变化而言，需学会如何应对变化带来的不确定。不确定是时代特征，不能回避，只能积极面对，善加选择与利用。不确定变化的后果，既可能正面，也可能负面，这就是不对称；不确定变化的影响，有可能衰减，也可能加剧，这就是非线性。

考虑不对称与非线性，可见不确定中既可能隐藏着馅饼，如产生不断放大的正面影响，也可能潜隐着陷阱，如引发不断加剧的负面效应。若能对变化保持敏感，注意识别其中所蕴含的馅饼与陷阱，就可事先做出反脆性选择与安排，对馅饼开放，对陷阱规避。

考虑时间因素的作用，企业所面对的一切，包括各种内外部要素，均处于不断变化之中，可以认为新常态就是无常态，唯一不变的就是变。市场竞争与复杂乱局，使得企业活着都好似偶然，要想实现与业态的持续协同共生，会对战略决策提出挑战。

以个体为本位，活着是一种偶然，死亡是一种必然。以种群生态整体为本位，或许正是个体的衰败死亡，才给新生的力量腾出空间，让出资源，使整体新陈代谢，更具活力。个体与整体，短暂与久远，这其中是否存在着什么客观的规律或必然的联系？

比如，尽管从总体上看，整体中的个体总是处于不断生灭的更替变化中，但就特定的个体而言，是否有可能做到，比其他的个体获得更长久的存在？也就是实现特定企业的相对更为持续的生存发展？如果能从中发现普遍的原则，就可提供战略借鉴。

实际上，诚如第一篇哲思战略所讨论的，从正命题“活着”出发，也许很难给出怎么做一定能够持续活得久的建议，但若从逆命题或者说反命题“死亡”，也就是“活不久”出发，通过分析也许可以找到线索，弄清怎么做不易死，也即永续经营活得久。

例如，有时企业耗尽资源竞争，一心想打掉对手，最后却把自己干掉了。又有时企业举债扩张为快速发展，试图获得更大的市场份额或盈利空间，却因为行业整体需求萎缩，重资产投入，财务成本高企，最终将自己拖垮了。这些反例似乎说明不作不死。

创找馅饼、加强保障的行动，一旦投入过度，就易在不经意间演变成活得好之魔障、活得久之陷阱。这其中涉及市场竞合互动的动态规律，隐藏在时间序列过程中的是，由多主体博弈引发的复杂混沌不可预见性，甚至还有全球经济联动的层叠涟漪影响。

应对这些所谓的乱局、无常、复杂、模糊新常态，原先可预见环境中的事前精心设计、详细规划那套做法，显然不再有效，甚至可能徒劳。此时，企业要想真正做到处变不惊，必须增长辨乱能力，以便通过自己的适当选择与行动，从变乱中获益成长！

辨乱，重在区别战略关键与底线，馅饼与陷阱，保障与魔障。处变，需倒着活，先考虑怎么避死，守底线——规避陷阱、破除魔障；再关注如何求生，抓关键——创找馅饼、加强保障。在变乱中，守底线，可确保不死、少败；抓关键，可争取活着、多胜。

关于胜败，《孙子兵法》指出“先为不可胜，以待敌之可胜。不可胜在己，可胜在敌。”《老子》认为“胜人者有力，自胜者强。”这意味着，辨乱处变，与其分散精力关注对手行动，还不如集中心力重视自强不息，以敏变与反脆行动，提升存活率。

动态战略关注企业活得久，希望弄清“永续凭什么”，其答案就在不可胜与自胜。考虑到市场竞争与乱局变化的客观存在，企业凭什么做到穿越时空，持续生存发展？从自胜入手，可从容摆脱竞争趋同旋涡；从不可胜入手，可淡定化解复杂变乱迷局。

市场竞争与乱局变化，可能意味着未来看不清、看不懂，怎么做才可经受不确定的考验，能够活得比同行久一些？也就是在市场激烈竞争中，在复杂乱局变化中，能够坚持到最后，成为幸运的剩者，甚至变成剩者为王，这就是本篇动态战略所关注的。

永续活得久，比拼的是耐力，要求企业特别注意，一是要有能力与资源的冗余积累，随时留有充分的机动力量，以备不时之需；二是在战略决策中，关注抓关键求发展，更关注守底线防失控，尤其是远离那些一旦失败就会将企业或个人拖进深渊的事项。

第 7 章　生态竞合

有人觉得，从 0 到 1，无中生有，是创新，是蓝海；从 1 到 n，跟随模仿，是复制，是红海。这种观点，似乎有点太过片面。实际上，无论是 0 到 1 还是 1 到 n，这其中都涉及时变，存在从量变到质变，分界模糊，连续渐变，动态竞合，系统特征恒变。

市场动态竞争与合作，随着参与主体、产品种类、服务形式等要素的增加与丰富，整个经营生态会表现得更具活力，也更加繁荣。例如，随着+1，再+1，再+1……最终从 1 到 n，要素的互动关系渐趋错综，系统的生态不断变异、变形、变态、变复杂。

显然，这一系统演化过程，有量变，有质变，由简单可预期，到复杂难预见，甚至可能会有全新业态的涌现。这就是动态战略所需应对的环境，自然态势与互动关系都处于时变过程之中，一切不再绝对、不再永恒，企业需在当下活着中探求永续经营。

例如，当市场相对垄断，创新动力不足时，可适当引进外部竞争，或者营造内部竞争氛围等；当市场竞争激烈，创新后劲不足时，可借助专注特色经营，实行错位竞争，以利跳出红海。此时，战略决策需要打破定势，开放心态，敏捷灵活，与时俱进。

过度垄断或过度竞争，都非行业及企业幸事。适度的特色垄断与适度的竞争压力，更有助于业态活力迸发，持续发展。对于实力强大的企业来说，若能抗拒短期利益的诱惑，放弃赢者通吃的机会，更关注协同共生业态的形成，可为持续发展奠定基础。

这对企业战略决策提出了挑战，怎么了解企业所在的经营生态，认清其中存在的竞争互动？可以采取哪些适当的应对措施？怎么做到适度把握？例如，深度、广度、力度等，到底如何判定，怎么协调？在这里，并没有现成的统一解答，而需相机抉择。

对于企业战略决策来说，经营生态泛指企业运行其中的内外环境。例如，地域、政治、社会（文化）、技术、环境（生态）、法律等外部环境因素及其变化趋势，用于这方面讨论的工具，按其各要素英文首字母的组合，可简称为“G-PESTEL”分析。

解剖经营生态，需特别关注企业经营所在行业的发展格局，也就是市场竞争态势，这可以利用迈克尔·波特提出的五力竞争模型作为基本的分析工具，以帮助企业了解自己所在行业的竞争状况，例如，竞争力量来源、竞争力量强度、竞争影响因素等。

波特认为，企业最关心的是它所在行业的竞争强度，而竞争强度又取决于市场上存在的五种基本竞争力量，这就是源自同行企业、供方、买方、替代品厂商、潜在进入者的力量，正是这些力量的联合强度，影响和决定了企业在行业中的最终盈利潜力。

五力竞争模型作为行业与竞争者分析的工具，更多关注增强企业的竞争力量，而对于如何使用所获得的这一力量，并未展开讨论。是以势压人，争取自身短期的高额回报？还是互惠共生，引导业态的长期持续发展？不同的企业可能会有不同的选择倾向。

现实中多见产业上下游纵向一体化，可能就出于各企业都想增强自己的市场影响力。上游不听话，就自己搞，下游谈不拢，也自己搞；下游往上游拓展，上游往下游渗透。如此折腾的结果，全行业上下游各环节均产能严重过剩，各企业负债率高企。

如果企业只关注增强自身实力，易将所有的其他力量都看作竞争对手。例如，同行、替代品厂商、潜在进入者，是企业的现实或潜在威胁，供方与买方是企业讨价还价的对象，如此一来，实际做事过程中，又到底可将谁看作是企业的短期或长期合作者？

产业链的上下游企业之间，若相互信任，精诚合作，大家共同聚焦怎么协同共事，更好地满足最终市场顾客的需求，而不是分散资源与精力，拼命相互挤对，试图通过价格谈判，为自己获得最大利益。或许上下游共事的企业整体，都更易持续互惠共生。

考察任何行业的动态发展过程，实际上很容易发现，各种市场力量之间，除了相互竞争关系以外，还程度不同地存在着某种相互依存、共生互应的关系。这也就是人们平常感受到的，在具体经营者之间存在的竞争、合作，甚至既竞争又合作的互动联系。

从市场各方力量的竞争与合作互动关系看，基于自胜或先为不可胜的考虑，分析市场竞争态势时，与其花费心思捉摸竞争对手，分析他们的知觉、动机及可能做什么，或许还不如集中精力，专注企业自身特色建设，思考自己到底需做哪些加法或减法。

六力模型

各市场力量之间的关系，既可能竞争也可能合作，还可能“做事时合作、分利时竞争”。笔者曾对企业高管做过大量的课内随机调查，若抽象地提问，“对企业生存来说，竞争与合作相比何者更重要？”似乎尚有部分人回答“竞争”，觉得生存靠竞争。

若换一种方式，具体地提问，“对企业成功地做事来说，更依赖于合作还是更依赖于竞争？”则几乎所有人的回答都是“合作”。这意味着，从做事的角度看，需要加强与各方面的合作，提升相关各方协同做事的水平，才可展现出企业的市场竞争力。

为了更好地了解企业竞争与合作生态，图 1 给出了可用于企业战略与环境关系解剖的六力互动模型。该模型，从“本企业”出发，考察与供方、买方、替代品厂商、互补品厂商、同行业厂商、潜在进入者等六种市场力量之间所存在的竞争及合作关系。

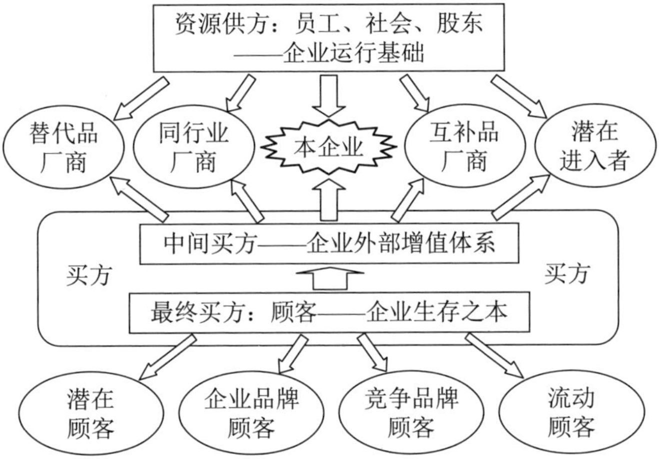

图 1　六力互动模型

在六力互动模型中，不事先对各种市场力量下定论，到底属于竞争性的还是可能合作性的。常听人们谈论同行竞争，听多了，似乎觉得同行就定然是竞争关系，实际情况并非如此，同行不一定都会相争，只是存在着互动联系，或者说相互影响、相互作用。

最终到底相互竞争利益冲突多，还是相互合作协同共事多，必须看这个人到底是谁，看大家相互的交往关系或交情深浅。这里谈及的人际关系，交情深浅，实际上指的就是信任、信誉、信号的积累与传递，让人感觉到底是可交往的朋友还是需防范的对手。

在商场中，感觉是朋友，就易成为帮手，无论其从事的是什么生意，是相互替代的还是相互补充的，都有可能找到互通有无的合作方式；感觉是对手，就很难建立交情，无论做什么生意，都易看不顺眼，如此一来就多见矛盾冲突，更谈不上什么相互合作。

供方与买方

在六力模型中，从“本企业”出发，资源供方，提供了企业运行的基础，包括所有需要企业向其付钱的主体；买方，接受企业提供的产品或服务，包括所有能给企业付钱的主体。这样，若将企业看作一棵树，供方就有如繁茂枝叶，买方则好似发达根系。

基于森林生态的考虑，有时一个企业的持续生存，有赖于企业所在区域的良好业态。这意味着，企业活得久，要想仅凭孤军独进，实现盈利生存，是困难的，必须要有区域经济的产业集群支撑，也就是依附于上下游众多企业之间既竞争又合作的共生业态。

对于企业生命体来说，按照多样化繁荣的要求，重视业务的多元化，还不如重视供方与买方的多源化，特别是顾客及其需求的多源化，也就是相对的去中心、分散化，以减少对单一强势供方或买方的依赖，从而更有助于抵御未来市场的不确定变化。

企业之树常青，离不开供方与买方支持。区别供方与买方，只需考察钱的流向。一切需要企业出钱的，如赋税、付薪、采购、物流等，都涉及供方；反之，只要给企业带来回报的，就是买方。关注忘我利他，以顾客为中心，就是重视企业回报的开源。

互联网时代，有人说现实中多见互为供方与买方，但即便如此，也仍然可就具体业务往来，分清谁是供方，谁是买方。例如，对银行来说，一般所说的客户，其实有些是买方，另有些是供方，还有些在一些业务中是供方，在另一些业务中则是买方。

有时，仅仅根据钱的表面走向，可能容易造成供方或买方的误判。例如，对于房地产营销代理来说，表面上看，似乎房地产公司就是其客户，也就是其服务的买方，而实际上，房地产公司是其供方，真正的购房者才是买方，才是其收入的根本来源。

一个企业的真正竞争实力，最终表现在如何服务市场，满足顾客需求上。由此看来，对于房地产营销代理来说，核心能力就表现在如何蓄客推盘，最终完成产品销售等方面的工作。若能做好这些工作，展现出自身的市场拓展能力，自然可以吸引到更多的供方。

不可胜在己

关注企业收入的真正来源，可以弄清到底谁是买方。有时利用各种平台开展业务时，钱是通过平台统一收取，然后再转到企业账上的；有时与人合作做事，钱是先由合作方收取，然后再将分成转给企业的。即使如此，仍需说明，付钱的源头才是买方。

显然，只有源头的买方愿意付钱了，愿意买更多的东西，付更多的钱了，平台也好，合作也好，才可能有钱转到企业账上。明白了这一点，企业动态战略的基点还是不能偏离顾客及其需求之本源，不能偏离将产品或服务做到位之实力，否则一切易成空。

弄清了六力模型中的供方与买方，再来考虑与同行厂商的关系，就容易发现，其实所谓的同行竞争，争的就是供方与买方，如资源、人才、顾客等。企业若能将自己的工作做到位，从而得到供方及买方市场的认同，自然就能表现出相对于同行的竞争力。

企业能够与供方维持良好的互惠共生关系，能够创造条件留住骨干员工，能够把自己的顾客服务好，从而做到留住顾客，甚至还能吸引新顾客加入。这些都是通过企业与相关各方的互信互赖合作表现出来的，而不是依靠与同行企业的直接对抗取得的。

企业的竞争优势，是通过做好自身的工作表现出来的，这再次说明“不可胜在己”“自胜者强”的道理。所以，从六力互动模型看竞争，企业要将精力聚焦于做好自身工作，而不是直接与对手竞争，试图打败对手，以免在无意中忘了顾客，丢了专注。

当企业将精力聚焦于合作做事，专注于协同好上下游各方的关系，从而形成了大家互信、互赖、互惠的紧密联系经营生态网络时，其所表现出来的竞争优势与实力，就具有了不可转移与不可模仿性，从而也就能够自然消解同行厂商可能发动的竞争攻势。

替代品

对于替代品厂商的分析，与同行厂商类似，相互之间到底是竞争还是合作，并无定论，需看成双方长期互动关系基础，既可能竞争，也可能合作。即使竞争，其做法也如上面所述，需从专注顾客创新突破，做好自身工作入手，不必太过关注对手做什么。

具体地，如何处理与替代品的关系，根据企业所面临的情况不同，可以采取的做法也各异。例如，如果企业觉得替代品的市场前景不错，可以考虑采取自建、并购、结盟等方式进入这个行业，至于具体怎么自建，找谁并购，与谁结盟，可能途径也很多。

如果企业不想进入这个行业，也可以采取与同行厂商合作的做法，共同做好当前产品市场，以此抗衡替代品的竞争，阻缓替代品市场的兴起。当然，这里的关键是，无论企业采取什么应对措施，都必须符合顾客对于替代品需求的大势，不能逆势而行。

互补品与竞争品

顺势而为，更好地满足顾客需要，可从互补品的角度出发做考虑。对于顾客来说，如果同时购买两个不同的商品，可以获得更大的满足，则这两个商品就是互为补充品，简称互补品；反之，若觉得其中一个纯属浪费，则这两个商品就是互为替代品。

替代品更多表现为竞争关系，互补品更多存在合作可能。比方说，一个地方开了一个加油站，接着有人在旁边又开一个加油站，再接着又有人在附近再开一个加油站，如此一来，生意慢慢地就变得难做了，这是按替代品的思路闯市场，会致竞争加剧。

如果按照互补品的思路闯市场，看到加油站，可试着在旁边开小超市，再在附近开小饭店，再接着甚至可以考虑开汽车美容店等。如此发展下去，店多成市，互惠共生，更重要的是，这样做对于顾客来说也非常有价值，因为发现到此办事越来越方便了。

繁荣业态

对于顾客来说，更为喜欢的繁荣业态可能是，其中存在着众多既竞争又合作的相近替代品及互补品，这样可较容易从中选购到自己满意的东西。例如，紧挨着的包子铺、油条摊、烧饼店等，比邻的麦当劳、肯德基、老娘舅等，就可更方便顾客的选择。

替代品与互补品的划分，并非一成不变。例如，对同一顾客某天的早餐选择来说，不同品种的早餐店，就是互为替代品；但若考虑到有些顾客可能喜欢不时地换一换早餐的口味，那么就满足此类顾客长期早餐需求来说，不同早餐店就是互补品。

互联网时代，许多电商平台或垂直网站，包括与其配套的线下完备的物流配送体系等，为顾客提供的就是品类或环节众多的全方位服务，这其中既有丰富多彩的替代品，更有考虑周详的互补品，可以很好地满足市场上各类顾客希望一网打尽的需求。

竞争模仿与互补创新

一般来说，复制模仿，可从替代或竞争品的角度切入，通过借鉴成功经验，满足市场上已被人们发现的顾客需求，争取后发优势；而创新突破，可从互补品的角度切入，发现市场上尚未被满足的潜在顾客的需求或现有顾客的潜在需求，构建先发优势。

对于小企业来说，试图通过简单的复制模仿，进入新市场，似乎并不容易，但却可以采取为行业里的大中企业拾遗补阙的方式，以互补品切入市场。例如，利用自己小而灵活的特点，为大公司的顾客提供其急需而大公司不愿或无法快速响应的互补品。

对于大企业来说，提升单客购买量或销售额，拓展现有业务的市场空间，研发系列创新产品，都可从互补品的角度出发加以考虑。例如，通过提供系列化的互补产品，让目标客户享受全方位的配套服务，即使这些产品或服务是通过外包整合的，也无妨。

发现并整合互补品，为顾客提供完整的过程体验，涉及的综合创新能力，需要实践积累，有赖悟性灵感，这不同于复制模仿，没有先例可借鉴。有机融合的互补品，如家庭装修、商场氛围，甚至网店布局等，可唤醒顾客内心美的感受，引发情绪共鸣响应。

提供更多、更精到的互补品，需要专注顾客，用心体会，反复实践，这一创新过程，很难一蹴而就，快速见效，但如此形成的优势，可抵御竞争侵入。反之，复制模仿竞争品，无须创新积累，可快速推出，但会因众多厂家进入，业态过度竞争而陷困局。

当然，受人们购买力所限，即使是互补品，其总体发展也需适度，需要考虑规模经济性。这一点，无论是实体经济还是虚拟网店，情况都一样，当产品或服务丰富到远超顾客总体承受力时，那么最终能存活下来的也仍然只是少数的所谓市场最适者。

互补品与市场开拓

借鉴互补品的渠道，可以帮助企业打开新的市场通路。例如，对于水泥生产企业来说，就可以找沙石料老板、建材供应商等合作，帮助销售水泥。这样做，几乎可以不增加合作伙伴的成本支出，却能增加其业务量与收益，从而为企业的产品打开市场。

现实中，还有许多产品之间存在着互补关系，借助这种关系，可以用来帮助促销。例如，米其林作为一家轮胎企业，出版《米其林指南》，为人们提供餐饮、娱乐等信息，公司还专门为游客提供旅店、景点等信息，这些服务实际上就都是轮胎的互补品。

当然，也有人在互补品上打歪主意，赚黑心钱，结果受到警方的查处。例如，修车铺老板故意派人在路上埋空心钉，为自己创造修车需求；保安门窗制作店主专门找人到附近小区，撬坏住户的门窗，试图以此制造恐慌情绪，增加自己保安门窗的销售。

替代品之间存在着竞争关系，互补品之间有着合作可能。在现实中，如果误将替代品关系当成互补品，则寻找到的原以为可共生的合作渠道，实际上存在的却是相互竞争关系。例如，卖胎压监测仪的，找到轮胎销售与修理铺帮忙，结果发现几无效果。

再如，就人们热议的电动汽车来说，充电服务与电池容量，是其非常重要的互补品，一旦这些问题有了突破性解决方案，则电动汽车的未来发展将会更快。在互联网时代，人们见到的许多免费模式，其背后实际所潜藏的就是多种互补品的联合定价关系。

例如，网站提供免费的信息服务，吸引到众多的上网者，然后就有企业愿意出钱在网站上做广告或卖东西，而上网者点击广告甚至最终花钱购物。在这里，对网站、企业、上网者、购物者群体来说，有免费，有收费，大家各取所需，互赖互惠共生。

互补品与免费模式

类似于互联网时代的免费模式，在实体经济中早就存在。比如，舞场对女士免费，随女士人数增加，可吸引更多收费的男士；杂志免费赠阅，随读者数增加，可吸引更多的广告投放。又比如，买血糖试纸送血糖仪，买滤芯送净水器，买墨盒送打印机等。

不管多种互补品具体怎么定价，总有些少收费甚至不收费，还有些多收费甚至高收费，其中不乏真正的免费乘客，也有出大价钱的侠客创客，最终形成了如互联网生态中的情况，羊毛出在狗身上，最后由牛来买单，仿佛类似爱心传递，人人有点忘我利他。

当然，在这一过程中，如果互补品是由不同的主体提供的，就无法避免会出现利益上的冲突争议。例如，到底谁可多收费或高收费？谁又该少收费或不收费？协同不好相互之间的利益矛盾，互补品之间在满足最终顾客需求上的合作关系，就很难长期维持。

潜在进入者

在六力模型中，还有一个力量是潜在进入者。潜在进入者，在没有进入前，似乎看不到其存在，而进来后则就成了事实上的同行、替代品、互补品厂商等。对任何领域来说，除非低调处世，闷声发大财，否则只要有人知晓，必定会引来潜在进入者。

特别是那些高利润的领域，要么不让人知道有高利润存在，从而打消人们参与竞争的动机；要么能够不断创新，一直领跑在前列。长期看，要做到这两点，几乎不可能。既然阻挡不了潜在进入者，任何高利润最终都会因竞争而回归到平均水平。

当然，高利润有时会因行业垄断而持续，如涉及大规模管网投资的水、电、通信等自然垄断，即使如此，仍可能会因新兴力量的跨界创新而受冲击。跨界而来的潜在进入者，其出现方式极难预料，就如我国的几大通信运营商所遭受的微信跨界竞争。

中间买方与最终买方

对于六力模型中的买方，可进一步划分为中间买方与最终买方。在这里，中间买方是指满足顾客所必需的企业外部增值体系，即价值创造活动环节，这些环节或可以重组，但却是不管怎么“去中介”都不能省略的；而最终买方就是指顾客，这是企业生存之本。

中间买方包括企业的买主，甚至还有买主的买主，其存在的必要性，要看能否创造顾客价值。对最终顾客来说，除了不必要或无效的中介环节，可坚决加以清除，其余的活动环节，若随意去除，恐会削弱企业产品或服务在最终买方眼中的性价比或吸引力。

对企业来说，必须清楚最终买方在哪里，例如，对前面提到的房地产销售代理来说，最关键的是要弄清最终买房子的人在哪里，并将这些顾客开发出来，成功实现销售，而不是将实际上是供方的房地产公司当作顾客，以为维护好与这些公司的关系是重点。

顾客细分与市场互动

对于最终买方，也就是企业的最终顾客，还可细分成这样几类：潜在顾客，即尚未购买企业产品或服务的顾客；企业品牌顾客，即认准企业的品牌购买的顾客；竞争品牌顾客，即认准其他企业的品牌购买的顾客；流动顾客，即不认品牌随兴购买的顾客。

根据以上分类，企业在拓展市场时，若聚焦企业品牌顾客与流动顾客，通常不会与同行发生显著的冲突；若聚焦竞争品牌顾客，或者覆盖了竞争品牌顾客，则较易引起同行的反击；若聚焦于尚未引起同行注意的潜在市场，则更有助于回避竞争冲突。

显然，考虑市场竞争，必须留意跟对手或其他同行的互动影响。对任何企业来说，关于竞争对手一举一动的信息，最初往往是从顾客，特别是企业品牌顾客那里获得的，因为这类顾客与企业的关系更铁，对品牌忠诚度也高，从而更愿意提供市场相关信息。

规避竞争与做事到位

参与市场竞争，要了解竞争动态，需要有对企业特别信任的顾客，愿意将其了解到的关于竞争对手的内幕消息告诉企业，否则企业所能得到的就只有公开或表面的信息，甚至仅仅是同行故意释放的烟幕弹，这其中当然不会包含企业最需知道的核心机密。

这再一次说明，市场竞争，需从合作做起，只有切实处理好与企业打交道的各方面主体的互信互赖互惠共生关系，企业才可有效抵御市场竞争的侵入。基于市场互动影响的考虑，企业在拓展市场时，最好能够区分不同类型的顾客，采取相应不同的做法。

企业开拓市场，最好不要采取统一的市场全覆盖的做法。尽管这种做法操作简单，既不需要深入的顾客分类，也无需按顾客分类设计不同对策，问题在于，全覆盖必然触及竞争品牌顾客，如此一来，企业的行动就很容易被对手快速感知，甚至遭遇反击。

回避市场恶性竞争，最好不要刺激对手，让对手察觉不到竞争的存在，以降低其竞争动机，减少其可能的竞争反击。例如，企业开拓市场，更多针对潜在顾客、流动顾客以及自己的品牌顾客，相对来说，可降低被竞争同行快速知晓甚或激怒对手的可能性。

相对于直接针对竞争对手的品牌顾客，采取降价等优惠手段而言，企业采取积极措施，开发潜在市场的顾客，把流动顾客转变成为企业的品牌顾客，更好地稳住企业的品牌顾客，所有这些举动即使被竞争同行所感知甚至仿效，也不易引发行业恶性竞争。

当所有的企业都不再特别关注互抢顾客的恶性竞争，而将更多的精力聚焦于潜在顾客、流动顾客以及自己的品牌顾客，真正将产品或服务做到位时，也许带来的就是整个行业的顾客体验的改善，市场总容量的稳定或增加，这自然有利于业态的良性发展。

中间买方与市场受控

企业聚焦于更好地满足最终顾客的需求，把潜在的与流动的顾客，变成自己的品牌顾客，这就是平常人们所说的，吸引顾客，留住顾客，甚至锁定顾客。但是，有时企业处于产业链上游，与最终顾客没有直接接触，要经由许多中间买方才可到达最终顾客。

这样，若中间买方出于自身利益的考虑，不愿配合企业开拓最终顾客市场，那么上游企业的战略意图，就会受阻于中间买方环节，很难贯彻落实到顾客。面对这种情况，有些上游大企业采取了前向一体化、去中介等做法，试图直接对接上最终消费者。

对于实体的上游企业来说，采取直接深入顾客的 B2C 做法，由于重资产介入，产业链条加长，不仅会对管理提出挑战，还会因最终顾客市场需求的涨落，导致企业整体业绩的加剧波动，从而危及企业经营的稳定性。实际上，让中间买方受控，做法很多。

对实体企业来说，必须看到，许多中间买方，客观上有存在必要，可以起到去中心、接地气、降风险的作用，例如，市场渠道广泛落地渗透，物流仓储层层分解快速配送。所以，无论采取什么做法，都不能忽视这些功能，而应更好地发挥这些功能的效用。

比方说，类似于芯片公司让电脑厂家在产品上贴“Intel Inside”，水泥企业集团让建材店贴某某集团“五星级经销点”的牌子，如此做法，从长期累积影响看，是否会有助于上游企业的品牌渗透到最终顾客，从而反过来起到一定的锁定销售终端的作用呢？

利用信息、信誉、信号的互联互通分享，可以做到让中间买方受控，而企业又不必冒重资产前向一体化而致战略不灵活的风险。例如，一家服装生产商，只需与全国各主要城市落地门店建立信息联系，就可对多层级的中间批发商施加一定的定价影响力。

六力模型与网络平台

上游生产商，通过各种途径，对最终顾客施加无形影响，使其成为企业的品牌顾客，然后就可借助这些品牌顾客的影响，反过来对销售终端产生拉动作用。例如，涉及综合体验的产品或服务，就可通过线上途径唤起顾客兴趣，导流到线下门店实际消费。

一般地，如果将六力互动模型看成是一个企业经营的综合生态网络，就可发现，通过对其中所涉方方面面的适当整合，或许就能创造出不同的经营模式，从而有可能为顾客提供更好的产品或服务。比如，对接碎片化供给与碎片化需求的各类网络平台。

现实中多见的各种所谓的商业模式创新等提法，实际上都只是企业经营生态网络的重构，只要考察其运行的资金，到底是由谁出的，最终愿意付钱的都有谁，然后分析一下，从长期发展的角度看，能否做到收支相抵略有盈余，就可大致判断模式的生命力。

顾客管理

动态战略关注永续凭什么，按六力互动模型分析，尽管企业初始可以依靠创投起步，但其经营生态网络的持续运行，必须要有最终顾客，特别是对企业盈利有贡献的回头及引荐型顾客群。在这里，回头、引荐、对盈利有贡献，是衡量真顾客的根本标准。

顾客与需要

企业要想有顾客，而且是回头、引荐并对盈利有贡献的顾客，先得忘我利他，创造或提供顾客所需的产品或服务，以此打开顾客的钱包，使其能够心甘情愿地为企业的努力买单。为此，要求企业能够认真倾听顾客心声，以了解与洞察顾客的真正需要。

长期经营，业态共生，核心是要有顾客需求，有顾客愿为企业买单。对于这一点，当经营者从自身角度思考时，容易忽略。例如，现在大家都在谈银发经济，谈互联网，却有不到 60 岁的老人，在网购注册时发现，找不到自己出生年份的缺省选项。

在那个网站的注册页面中，年龄不能手工填写，自动设定必须从缺省选项中挑选，但其中列出的备选出生年份，最早的也只是 55 岁，年龄超过者想注册，只好冒充“年轻人”。如果还有更多类似这样的情况存在，网上得到的所谓大数据，还可信吗？

企业发展，需要创造与找到更多的顾客，发现顾客更多的需求，而不只是简单的规模扩张等。就如大家都在说，老龄化社会来了，要抓住银发经济中有闲又有钱的那部分顾客，但顾客来了，不知道，有些什么需求，也不清楚，这不是有点战略迷失吗？

一个购物网站，注册中忽略高龄顾客群，或许是其想定位于更年轻的顾客群，有意而为之，这看似无可非议。但是，若按互联网思维，去边界、去中心、去权威等，其本质或许就是尽量不做歧视性预设地平等待人，那么该网站的做法，好像就有点欠妥。

人们经常谈顾客导流，顾客转换率等，但如果对顾客及其需求，无真正把握，那么不管运用什么手段，新媒体或是旧媒体，新通路或是旧渠道，也许效果都不会好。就如有电商店小二所说的，即使在网上，也如顾客在身边一样，能切实体会到其情感与偏好。

情感与偏好

体会人之情感与偏好，不管与谁打交道，都非常重要，有时甚至与价格或付出的多少无关，而只与心中的感觉相关。对上感觉，一切都好办，感觉不行，什么都免谈。感觉与理性无关，理性是先有理由，再有结论，而感觉是先有结论，再找理由。

对上感觉，需要了解顾客的真正需求是什么，而不是企业觉得顾客会需要什么；有时在没有体验过产品或服务之前，顾客根本说不清到底需要什么。在这里，放弃预设与成见，纯净地观察倾听，积极地实践探索，或许是洞察顾客需求的最有效方法。

故事说，小白兔钓鱼，一日无获，次日再钓又无获，第三日再钓，水中忽跃出一鱼，怒吼：“为啥天天胡萝卜？”小白兔说：“我乐意！”现实中，人的无意识行为无异于小白兔，受思维定势与价值预设的影响，有时即使出于好心，也不一定就能做出好事。

考虑到无意识行为的影响，所谓的设身处地、换位思考之类的做法，可能都不太有效。例如，企业发现自己的产品，顾客使用不易上手，无意中就更有可能会觉得顾客不懂，需要多加说明指导，而不太会觉得是产品本身有问题，用户友善性做得不够好。

为此，企业产品或服务的创意设计，最好能吸收目标顾客人群的直接参与，如果做不到这一点，至少要吸收与目标顾客群年龄背景相近些的员工参与设计过程。让年轻人去构想银发产品，或让上年纪的高管主创适合年轻人的时尚品，可能都不太合适。

互联网时代，听多了大数据、云计算等，使得有些人产生了幻觉，以为只要有了海量数据，再加上分布式超级计算能力，就什么都可以算出来了。实际上，判别各种数据之间会有怎样的关系，仍需借鉴人的智慧；关于灵感创意，还离不开人的专注积累。

动态顾客与分类管理

关于顾客，如果对照回头、引荐、对企业盈利有贡献的要求，有时是否会遇到一些特别的情况，比如，很难缠、搞不定的顾客，此时企业怎么做才好？直接放弃这样的顾客，似乎感觉有点不太好，而若不放弃，心中也会觉得不舒服，结果搞得很纠结。

例如，某公司遇到这样的情况，有位长期顾客，一直享受特别的价格及货期优待，鉴于公司产品供不应求，若再继续优待，不仅对其他顾客不公，对公司的盈利贡献也不利，若想逐渐停止优待，又担心这一长期顾客的流失，可能会引发更多顾客的流失。

以上问题的产生，更多是受到情感的影响，不愿直接面对。理性思考，在商言商，企业立足凭的是产品与服务的性价比，既然产品供不应求，就说明有竞争力，那么按正常价格与货期，又怎么会致顾客流失呢？毕竟顾客要换供应商，也是有代价的。

基于以上讨论，若一般地假设，只有回头客才是真顾客，只有能向他人引荐本企业产品或服务的顾客才是真顾客，只有对企业盈利有贡献的顾客才是真顾客。那么，可以认为，建设并扩大/稳定使企业盈利的回头及引荐型顾客群，就是企业战略的重心。

企业的战略重心，既可以追求扩大，也可以追求稳定，具体需根据环境、实力、使命等三假设情况而定，但无论最终怎么选择，都必须关注能使企业盈利的回头及引荐型顾客群的建设，如果偏离这一战略根本，企业的持续生存发展，都会成梦幻泡影。

若将企业的所有顾客，按其对企业盈利的影响分成“A.正面、B.一般、C.负面”三种，按其行为分成“1.回头与引荐、2.随意购买、3.抱怨及沉寂”三类，则通过排列组合，可将企业顾客大致分成如表 1 所示的九大类，从而为更深入的顾客分类管理提供指引。

根据表 1 的分类，对企业来说，最好的顾客显然是 A1 类，这没有什么争议。最糟糕的是哪一类呢？乍一看，人们在感性上或许会认为是 C3 类，不仅没让企业赚钱，还多有抱怨；但一细想，会发现实际上是 C1 类，既让企业不赚钱，还认准了反复买。

表 1 企业顾客行为与盈利影响分类

企业顾客	1.回头与引荐	2.随意购买	3.抱怨及沉寂
A.正面（盈利）	A1	A2	A3
B.一般（微利）	B1	B2	B3
C.负面（亏损）	C1	C2	C3

对于 C1 类顾客，企业应该怎么办呢？这类顾客通常对价格比较敏感，如果企业希望顾客多一些，那么可通过降低成本，如采用简易包装、功能简化等，在满足这类顾客需求的同时，争取企业能有微利。否则，就可采取缺货等方式，果断舍弃这类顾客。

对于不盈利的顾客，若不能将其变成盈利顾客，越早放弃可能反而越主动。此时，企业根本不必顾忌，这样做会导致顾客流失，从而给竞争对手带去机会。实际上，这类顾客如果真的流失到竞争对手那里去，或许带去的不是盈利机会而是更多的烦恼。

试想一下，真有非常难缠的顾客，每次与其打交道，都会让人很不爽，从而把员工的情绪搞坏；还经常提出各种苛刻的条件，使得企业很难获得正常的回报，甚至还有可能带来亏损，对于这样的顾客，即使企业放弃而被对手俘获，又真的会有什么损失呢？

对于A1类顾客，企业可做点什么呢？通常会将其当成贵宾，为其提供丰富的免费及收费的增值服务，尽管这其中有许多免费服务并非顾客真正所需，但仍会增加企业支出，因而致使A1类顾客，慢慢变成了B1甚至C1类，这是A1类顾客服务的误区。

实际上，对于A1类顾客，更好的做法是，通过拓展企业的业务领域，增加对于这类顾客的销售，而根本不必提供什么免费的回馈等。例如，针对这类顾客的需求特点，为其提供更多的经过整合的系列互补品，以帮助顾客从企业获得一站式解决方案。

从情感的角度看，要让人喜欢可能先得让人付出，与其给顾客提供尊贵的服务，可能还不如吸引顾客参与企业的活动，如果顾客真的为企业产品的设计等付出了心血与投入了智慧，自然更易对企业产生感情联系，从而也就会更喜欢并忠诚于企业的产品。

例如，一家从事养生保健美容方面服务的会所，在提供收费的服务项目以外，还专门赠送一个免费的服务，这就是瑜伽练习辅导。而实际上，相对于其他收费的保健按摩之类的项目而言，反而是这个免费瑜伽练习，更有助于改善会员们的心身健康水平。

更有意思的是，正是由于免费瑜伽练习的长效影响，才使得会员们的心身得以改善，增加了对会所的信任，结果对那些收费项目效果的主观感觉也变得更好了。在这里，免费与收费的项目，一个主动，一个被动，互为补充，相互加强，产生了增效作用。

通过对表1的分析，可大致得到这样的结论：一是顾客数量增加有时并不一定是好事，因为亏损顾客数的增加，不仅不会带来企业盈利水平的提高，实际上还会引起企业总盈利水平的下降。二是企业总体盈利时，也可能仍然存在着不盈利的顾客。

竞合演化

企业经营所在的生态网络，其中各主体之间所存在的竞争与合作互动关系，始终处于动态变化之中，由此导致了业态演化的不确定。在这里，竞争与合作，都只是企业实现活着目标的一种手段，难分简单的优劣对错，只涉及怎么做更易生存的判断选择。

竞争互动

对于任何组织来说，做事的过程需要精诚合作，而成果的分享会涉及矛盾竞争。处理好协同合作与竞争分利的关系，需弄清竞争与合作的前提。从实践操作的角度看，竞争与合作是一体两面，破坏合作的前提会加剧竞争，促进合作的策略会不利于竞争。

尽管市场不能绝对避免竞争，但也不必人为激发争斗。所以，协同竞合关系，既要善待伙伴，也要善待对手。从善待对手看，至少不要刺激对方，将本来没有的竞争，硬是给激发出来。比如有人在办公室挂“知己知彼，百战不殆”，这会让人怎么想？

从善待伙伴看，必须看到，商场既存在利益分割的矛盾，也存在共创市场的互惠可能。调整心态，有助于找到互惠发展机会，特别是在有可能合作的情况下，怎么建立合作关系？这对企业的智慧是一种挑战。现实中，多见初始合作而最终闹掰的例子。

合作基础

将竞争与合作看成是手段，关键在于目标是什么，想鼓励竞争以使个体更有压力感与进取心，还是想推动合作以使整体更有凝聚力与团结性？不同的目标构想，应有不同的竞合做法。考虑到人天生就有竞争本能，更多关注后天的合作修炼，尤显必要。

建立合作关系，必须改进与提升企业的辨别能力，以便识别谁是可能的合作者，谁是必然的竞争者，弄清什么情况下能合作，什么情况易产生背叛行为。正所谓“商场不是要学会欺骗，但要防止被人欺骗”“害人之心不可有，防人之心不可无”。

对此，罗伯特·艾克斯罗德的研究表明，合作的真正基础是关系的持续性与未来影响的重要性，即长期互利回报，而不是通常所说的相互信任。合作需要长期的持续互利，只是问题在于，互利回报的关系在市场竞争中是动态变化的，并非一成不变。

“逆境中往往朋友也会成敌人，而顺境中敌人也会变朋友。”

如何防止可能出现的有碍合作的倾向？企业不仅要能识别各种可能的合作关系，还需采取适当的对策，通过制度或合约设计，使各方成为长期互惠的利益共同体，从而为持续合作提供保障。

关系的持续性与未来影响的重要性，作为合作的两个根本前提，可以用作衡量合作能否存在的依据。形成长期互利回报关系，需要相关各方对合作的必要性达成共识，然后能在合作的过程中及成果分享上，协同处理好相关各方的投入与回报的关系。

在既有可能也有必要合作的情况下，如何达成有效的合作，需要有适当的策略。考虑到竞争与合作是对偶问题，也就是说，有助于竞争的就不利于合作，有助于合作的就不利于竞争。竞争会有急功近利，可由本能驱动；合作涉长期互动，需理性修炼。

合作修炼

从人类进化过程看，初始的动物生存竞争，更多涉及食物抢夺，无须也来不及做太多的思考，全凭本能快速响应；后来分工合作的群居社会，才需考虑相互关系协调，考虑怎样才有助于人际之间的长期互惠共生，此时必须要有理性思考，不能太过率性。

对于合作的理性思考，大脑需要经过多轮的前瞻与回顾分析，先考虑竞合互动博弈的长期可能后果，然后回过头来看当下怎么做更好，这比较耗费心智，需要有更智慧的大脑才可能想清，而本能竞争直接关注当下活着，不会做如此长期多轮博弈考量。

进化人类学家认为，合作存在生理局限，现有的大脑体积限制了人类所能应对的合作团体的规模。难怪随着全球化步伐加剧，各种地理的、心理的、社会的、政治的边界打开，带来了更大时空范围内的人类互动，结果引发了更多的竞争冲突与合作难题。

竞争属先天本能，很容易被情境自然触发；合作为后天进化，不太可能快速自动触发，需要更多的学习修炼，直至变成习性才行。例如，在有可能合作的情况下，若能了解并遵循其中存在的规律，正确把握与运用合作对策，就更易构建有效的合作关系。

从本质上看，合作关系的形成，首先要对大家有利，也就是存在共同利益，并需齐心协力才能实现。但这还不够，必须让人愿意做出长期承诺，这要求合作的预期未来影响足够重要，从而让大家意识到，中断当前的合作，很有可能损及今后的更大利益。

长期的互利回报，而不是简单的信任，才是合作的根本前提。例如，两家企业过去有很好的合作，大家一起做事，关系很不错，后来闹掰了，其中的一家与另外的公司合作了，为什么呢？可能那家公司开出了更优惠的条件，与其合作会有更美好的发展前景。

促进合作

考虑到市场竞争的存在，合作需要以价值创造为基础，若能通过合作做好上下游的配套，更好地满足顾客的需求，也就有了更大的共同利益与未来发展保障，否则，市场动态变化，竞合互动，在商言商，商场中“没有永远的敌人，只有永远的利益”。

从无意识反应看，如果关系持续，未来影响重要，人们自然会表现出更多的合作行为，反之，则更多地表现出背叛，即不合作行为。据此，企业既可以通过人们的行为表现，推测相互关系的持续性，也可以通过改变关系的持续性，改变人们的合作行为。

一般来说，单位中即将离任的人员，与组织的关系将不再延续，就更可能产生违规行为，所谓的“56～58 岁”现象就是例证。人将离任或退休，与组织的相互合作关系可能不再存在，因而会在无意中对自己放松要求，也更有可能做出不利于组织的事情。

传递清晰的关系持续、未来重要的信息，有助于激发合作行为。例如，有经验的顾客购物时会对店员说，自己下次还要来等，就暗示商家宰客是不明智的。现实中，只做一次性生意的企业，更可能欺诈顾客；而长期经营的大商场，一般有较好的声誉。

洞察异常

有个故事说，有位领导自诩幽默，常在单位里讲笑话，引来众人大笑。后来有一天，该领导讲完笑话，发现有一个员工没笑，就问，“这个笑话不好笑吗？”员工答，“不是的，是我明天要离职了。”准备离职了，笑话或许仍有趣，但内心不想再奉迎了。

正是由于合作前提与行为反应存在着无意识的联系，企业可以从人们的当前表现，提前感知未来是否会有背叛出现。比如，有一直合作不错的伙伴，平常做事非常配合，最近突然发现其态度、语气等做派大有变化，就有可能意味着未来关系或有变。

当然，反过来，一位原先关系平平的人，突然表现出超乎寻常的热情，则很可能意味着其心中或有所图，比方说，希望得到原本不可能有的合作支持，从中获得非预期的利益等。对人际互动的行为保持敏感，可提前感知其中隐含的未来竞合变化信号。

敏变防患

应对市场竞争挑战，需有合作伙伴。形成合作关系，可从创造合作前提入手；谨防合作危机，可从对行为保持敏变入手。若能及时察觉人们行为模式的细微变化，从中预见未来的潜在变化，如此见微知著，自然就可应对市场人际互动所致的不确定。

例如，银行若能注意贷款客户的资金状况与动向，及时发现可能出现的异常情况，就可提前做出安排，加强风控防范。企业老板若能关心骨干员工的平常活动与行为特点，随时留意可能出现的异常表现，就易通过沟通等措施，提前化解或许会出现的问题。

从制度设计的角度看，为防止人们串通起来搞腐败，可故意打破关系持续性。例如，采取人才交流、干部轮岗、限期交接等做法。反之，为促进人们合作，则需保持岗位的相对稳定，以利专注投入、积累经验。具体怎么做，需看企业制度设计的目标。

合作对策

有效的合作对策，应能识别与形成善良群体，在演化中击败其他群体，从而建立起稳定的合作关系。为此，需要具备四个特性：善良性，以避免不必要冲突；报应性，有能力惩戒无理背叛；宽容性，可化敌为友；清晰性，愿用行动表明诚意，减少误会。

善良性

对于善良性，甘地曾说过："如果是出于惩罚去做一件事，而不是为了改善它，那绝不要去做。这是一剂好药，但是服的人不多，恐怕有人过于依赖仇恨达到自己的意图吧，只好各自警醒，多留一个心眼了。"缺少善良的愿望，自然不会有互利的合作。

现实中，在处理产业链上下游关系中，更多的企业重视增强自身的市场竞争力量，以利挤压其他各方的利益，使自己处于产业链中最有利的地位，而较少关注如何提升整条产业链的价值，营造上下游共生的局面。这显然是不利于多方合作关系建立的。

报应性

对于报应性，诚如古希腊历史学家修昔底德所指出的，“公理的标准取决于强权。强者为所欲为，弱者被动接受。”推动合作，不能仅凭善良愿望，需有实力支撑。没有对恶行的惩戒，善行难以繁衍。报应性的存在，可使试图背约者不敢贸然行事。

合作中的强势方，若具有很高的善良性与宽容性修养，积极主导与推动合作关系的形成，这对个人与社会来说，都是好事。反之，若强势者缺少个人涵养修炼，一般会表现得更不知谦让，这样很容易在无意中让合作方感觉不爽，而致原本可能的合作泡汤。

宽容性

对于宽容性，纳尔逊·曼德拉说过：“当我走出囚室，经过通往自由的监狱大门时，我已清楚，自己若不能把悲伤与怨恨留在身后，那么我其实仍在狱中。”有人认为“宽恕无法改变过去，却能改变未来”。宽容别人，既往不咎，实际上解脱的是自己。

在推动合作的过程中，善良性能够发起合作行动，报应性可防止背叛行为，宽容性则可起到不计前嫌，将原先误会或非合作的对象重新变成合作者的作用。对于强势者来说，若不加强理性修炼，其理智的善良与宽容，就绝对制服不了报应性的本能冲动。

清晰性

对于清晰性，孔子有言，“不患人之不己知，患不知人也。”现实中，由于个体认知能力有限，自我知觉与他人感受存在差异，无法准确预见他人的可能行为，致使人际、社群或国家间的互动，极易出现非预期的失误情况，从而影响合作对策的清晰性。

具体地，可能的失误有两类：一是误操作，想合作时却在无意中选择了对抗，而另一方以为这是故意；二是误知觉，一方对另一方的选择产生了误判，比如误将合作看成对抗。对于失误，相关各方若能采取较为宽容的做法，可能会更有助于维系合作关系。

利他奖惩

社会中人际合作行为的产生，有时还依赖于一种特别的利他行为，也就是有人会基于纯粹的内心愉悦或道德追求，出手扬善惩恶，这称强制互惠。研究表明，无私的利他奖惩行为，受基因遗传与后天文化的共同演化影响，会增加人类社会的合作可能性。

基于长期互利回报关系的合作，主要是因重复互动及信誉影响而致的。在这里，重复互动是指人们之间需要多次打交道，若不相互合作，可能大家都没好日子过；信誉影响是指损人利己的行为，若很容易被他人知晓，可能会导致众叛亲离反害己的后果。

正是利他奖惩所产生的强制互惠作用，纵使面对非重复互动的情况，即使不存在信誉持续的影响，人们也会受其无形影响而表现出更多的合作行为。这表明，良好社会秩序的形成，需要有主持公道或正义的制约力量存在，无论这是官方的还是民间的。

现实运用

在有可能合作的情况下，如何运用以上对策，建立合作关系呢？不妨假想有这样的情境，一位职业经理人，空降到某公司担任CEO，为了做好工作，需要得到公司全体员工的配合，否则，自己的职业生涯也将受挑战。此时，这位新任 CEO 怎么做才好呢？

现在考虑一下，刚到公司不久，就有副总拿了份文件，找新任CEO 签字。按照流程，副总自己已签过字，若 CEO 看过文件，根据其知识与经验判断，属于既可马上签也可略缓签的情况，该 CEO 到底要不要马上签？马上签或缓签各传递的是什么信号？

显然，若想传递合作意愿，就马上签，这就是善良性。先展示善良性，可以表示真心合作的态度，有助于营造合作的氛围。但这里或许会遇到另一个问题，就是主张缓签的人所顾虑的，善良的意愿怎么防止可能被人恶意利用？这就需要显示出报应能力。

能够对恶意利用者施加惩戒，这就是报应性。展示报应性，可以防止有人利用 CEO 会马上签的机会，故意钻空子下套，也即破坏合作关系。那么，新任 CEO 该怎么通过工作，展现出自己的实力，表明不是可以随便被蒙骗，也即实际上具有报应性呢？

怎么传递报应性信号？有地方来了新领导，多闻传言，新领导有什么背景关系等，真假难辨，却少有人出来正式辟谣，这隐含着什么信息？对 CEO 来说，在马上签过文件后，接着的工作不可省，这就是需通过其他途径，侧面了解一下所签事项的详情。

如此一来，通过不断地签字、了解详情等，新任 CEO 就可迅速地熟悉公司情况，这样，当后来再有人找签字时，就可在表面上的不经意中，提出实际上很到位的尖锐问题，让人意识到其实 CEO 非常懂行，不可随便忽悠，如此也就自然断了可能的背叛心。

一旦善良性、报应性充分展示，无人会贸然捣蛋，合作氛围渐成。此时，若有一副总找到 CEO，表示自己此前疏忽大意，有份签字的文件，其中有点小猫腻。对于这样的主动检讨，CEO 到底该做何表态？若想加强合作，就需表示不计较，展现宽容性。

对于曾经的背叛者，展现宽容性，有助于化敌为友，从而争取团结最广泛的力量。通过表明不记恨、不追究、不在意等，传递宽容性，可以打消人们的合作疑虑，免除对于过往冲突误会的担心，让人觉得继续合作，仍会有前途，这样就会少生些离心力。

根据以上讨论，似乎只要能够做到善良性、报应性、宽容性，就可构建有效的合作关系。反观现实，许多本该也可合作的各方，却常常闹得不可开交。个中缘由，或许众人都会有感叹，自己善良、宽容也有报应力，只是常被人误解，好心没有得好报。

被人误解，不被理解，得不到谅解，这些都涉及合作对策的第四个重要特征——清晰性。若给人做所谓的个性测评，只需这样写，“你这个人很善良，很有力量，也很宽容，心肠很好……但是，偶尔会被人误解。”看到这样的评估，可能谁都会觉得蛮准的。

合作信号的传递，如果清晰性不够，就容易导致误解。若问这是为什么，其中的原因是多方面的，既有信息不完全、选择性知觉等导致的认知偏差，也有信息加工处理过程中所涉及的归因偏差等。或许最重要的是，人们对于善、恶行为的不对称敏感性。

例如，人们存在着这样的倾向，对于可能的善意行为，宁可信其无而不愿信其有；对于可能的恶意行为，宁可信其有而不愿信其无。因为对善意信号不敏感或误判，无损于生存；对恶意信号敏感或误信，可增加存活率。显然，这是长期生存进化的结果。

有效的合作对策，必须具备“善良、报应、宽容、清晰”四个特征。考虑到合作双方总是存在着实际上的力量不对称，对弱小方来说，若先采取合作行动，可能会担心吃亏，所以，为促进合作，相对强势方，应先主动采取合作行动，清晰表明合作意愿。

例如，有些创业团队，在合作成功后，因为名、利、权争端与恩怨情仇纠结等，引发严重的矛盾冲突，各方不惜花重金、耗精力、伤感情，请律师、找黑道、求高人，试图强势摆平对方，但就是不肯放下身段，与曾经的伙伴协商，向对方表示妥协、谦让。

许多情况下，在原先合作各方的相争中，最终几乎没有赢家，即使赢了官司，也会输掉感情。此时，只要其中有一方，特别是相对强势方，稍微主动宽容些，清晰表明善良意愿，诚心采取友好行动，或许就可唤起善意回应，帮助双方走出意气用事怪圈。

对于“善良性、报应性、宽容性”，特别是报应性，如果能够清晰传递，就易促使对方合作，或者说，让人不敢采取背叛行动。我国近年推出的许多反腐败制度，如加强干部离任审计、实行重大决策终身责任追究等，其中就体现了清晰的长期报应性原则。

再如，某控制系统开发商，在为客户企业安装调试软件中，多留了一个心眼，这就是对那些故意拖欠开发费的客户，在系统中设置了付款预警提示功能。如果顾客看到提示后，过了一定时间仍不付款，系统将自动停止运作。这里所展示的就是报应性。

对于报应性，俗话说：“没有金刚钻，别揽瓷器活。”在自身缺乏报应能力时，就很难约束对方的行为，使其具有善良性，此时言行稍有不慎，或会引发严重的互动后果。常言道：“出门三分软”，指的就是在不知别人实力底细的情况下，要多示弱、少逞强。

第 8 章　辨乱处变

动态战略关注敏变与反脆，需要先对决策环境的变乱做出大致的判断，到底处于怎样的状况：是有规律可循，有经验可用的情况？还是完全陌生，无规可循的情况？这是考虑动态战略的基本前提，对于这一前提如果误判，那么此后的战略构想就容易走偏。

为了说明这一点，不妨设想一下，人们在提出关于企业未来发展的战略时，想法从哪里来？或者，在面临重大战略决策时，所依据的是什么？也就是凭什么提出想法，做出决策。显然，回答可能不外乎三类：一是经验积累，二是创意灵感，三是实践摸索。

现实操作的难题在于，弄清什么时候可凭经验，什么时候要等灵感，还有什么时候得先实践。例如，有过往经验可借鉴时，胡乱拍脑袋决策，或者太过小心摸索前行，就可能误事；反之，在未来看不清的情况下，仍按过时经验行事，就可能太过刻板。

面对熟悉的环境可凭经验，遇见复杂的情况要靠灵感，进入陌生的领域需要试探。应对不同的情境，需有不同的做法。现实的挑战是，有时情况介乎完全熟悉与完全陌生之间，很难清楚界定，此时到底该按什么原则行动？又是否存在这样的原则方法？

动态战略的敏变，帮助弄清环境情况，若按经典的决策思路，可大致给出熟悉、复杂、陌生环境下的不同应对，但是无法针对乱局、无常、复杂、模糊而致未来看不清、道不明、不确定的情况，给出具体的建议，而动态战略的反脆正好能化解这一点。

反脆的概念，借鉴了塔勒布 *Antifragile*（中译本《反脆弱》）的提法，用于企业动态战略的构建，这就是要在守底线的基础上抓关键，以此化解复杂模糊无常乱局所带来的不确定变化，确保企业能从变化中得益，在变化中更好地持续生存发展。

变乱挑战

企业初心为活着，活得了，活得好，活得久，或者说，至少能够做到健康、安全、不死，这样才可让人放心，觉得比较靠谱，也就是认为企业未来发展具有可预见性。当然，可预见性不只是意味着放心靠谱，可能还意味着稳定、平安、有数、可信赖等。

可预见性

可预见性，一般为人们的内心所期盼。具体地，对于企业承诺的产品质量、服务水平、交货期等，其可预见性就是指能够做到言而有信。当然，与承诺的相比，实际做到的可能会有一些上下偏差，只要处于可接受的范围内，就基本上可被看作是可预见。

例如，对于交货期，若预定的是一个月，那么前后略微偏差几天，一般仍会被接受，但若前后偏差超过十多天，可能就会有点难接受。在这里，偏差的大小就反映了交货期的波动情况。波动范围越小，表示企业的承诺越可信，其行为表现越具可预见性。

一般地，波动范围的增加，也就意味着不确定程度的提升，实际上就表明了可预见性的丧失，不可预见性的加剧。作为可预见性的反命题，不可预见性，通常并不为人们所喜欢。俗话说“市场最怕不确定。”波动反映的不确定，会使组织可预见性变差。

从社会分工合作的角度看，市场经济的有效运行，需要信用纽带的作用，也就是依赖于人们行为的可预见性。企业追求可预见性，必须把握适度，需控制好波动的幅度，确保工作的精准性，将偏差掌控在一定的范围内，以实现多个活动环节的有机协同。

例如，公司里有考勤，主要领导是早到好，还是晚到好？一般会认为，领导要以身作则，早到一些好。这样，中层干部有压力，怎么办？要比领导再早到一些。如此一来，岂不是员工还要比中层干部更早到一些了？所以，最好还是大家都按规定准时到。

关于可预见性的重要意义，可从破坏可预见性的后果看出。有人说，搞好一个公司很难，搞砸一个公司极易，通常只需三招：一是发布信息，声称公司情况不妙，今后更糟；二是削减预算，包括领导；三是按此实施。这样，可预见性不再，骨干流失难免。

无常乱局

复杂模糊的无常乱局，也就是“变乱”，意味着波动，意味着不确定，意味着未来不可预见。在这里，变乱，波动，不确定，不可预见，对于企业战略思考来说，实际上所指的内涵都一样，就是不可预见性变成了常态，呼唤新的战略行动与思考方法。

从绝对的可预见，到完全的不确定，代表了两个不同的极端，介于这两个极端之间，存在着无穷的可能组合，反映了世事万物的丰富多彩，这也正是企业动态战略所面临的变乱挑战。似乎一切皆有可能，一切皆无定论，未来充满着不确定，可预见性迷失。

变乱的程度与影响，因信息的互联互通，地理边界的不断打开，世界范围的竞合互动，正在不断加深加剧。组织及力量的跨边界、去中心、分布式，似乎成了必然，冲击着本能习惯的集中权威管理体制。复杂社会生态的演化，局部的失控蕴涵整体的繁荣。

微观的失控才有宏观的活力，是复杂系统运行的规律。对于具体企业来说，如何做到主动失控，也就是采取化大为小、授权、分权、放权等做法，改变集权管理体制与机制，就像海尔集团提出的平台、小微、创客，这里挑战的是组织惯例与自我习性。

担心失控，担心变乱，担心不确定，担心可预见性丧失，主要是由于担心失控的后果可能超越预期，变得严重而难收拾。但是，反过来想，如果变乱是客观存在、不可逆转的必然趋势，那企业又该如何看待？怎么应对？也许就只能接纳包容，坦然面对。

变乱，可能带来新情况、新机会、新威胁、新发展、新挑战、新格局，这对企业来说，就意味着不确定，需要针对不再熟悉甚至陌生的环境，做出战略应对。此时，未来看不清，企业战略需小处着手，图难于易，微改革，微进步，微创新，迭代前行。

受控幻想

企业所面临的变乱环境，其不确定的成因有：环境变化，如气候冷暖、技术发展、经济政策、社会演进等；同业竞争，如众多企业参与市场经营，可能导致群体非理性；供求波动，如顾客对产品或服务需求的潮汐涨落、上游资源生产状况的振荡异动。

环境、竞争、供求等的变乱波动，多种复杂因素的叠加影响，本质上冲击了企业发展的可预见性，但偶然之中隐含着少数必然成功，现实中总可见到有企业在不确定中活着、活好、甚至活久的例子，结果在无意中让人们产生了“不确定能受控”的幻觉。

比如，在一架上升的电梯中，无论其中的人在做什么，是跑，是跳，还是静，结果总会上升的，但若由此得出跑、跳、静可致电梯上升的结论，显然是荒谬的。面对不可预见的情况，放弃不确定能受控的幻想，可使企业战略决策更加注意敏变，不忘反脆。

企业无法控制不确定，但却仍可有所作为。例如，时刻关注环境变乱可能造成的对于可预见性的冲击，也就是随着不可预见性的增加，启动面对陌生环境的战略决策程序，这就是更多地关注实践摸索与迭代学习，减少对于过往知识经验与思维观念的依赖。

例如，有些企业经过数十年的努力，从当初的小作坊发展到近千亿的销售规模，这是通过边干边学逐步长成的。当这些企业进一步提出，过三五年再创一个千亿，使企业达到两千亿规模时，这种扩张方式，其中所涉及的显然就不是原有的渐进长成做法。

按这种思路扩张，企业实际所涉的将是此前从未遇到过的陌生领域。此时需遵循的战略原则就该是：小步实践，探索前进，而不能大规模快进，试图以此迅速达成翻一倍的目标。不注意这一点，就极有可能引发严重的盲目决策失误，给企业带来灭顶之灾。

偏差影响

偏差，波动，变乱，从可预见到不可预见，就其最终影响来说，借助正反命题的思路，可以大致分成正与负两个方向。就企业经营的后果来说，正偏差的波动，是指超越理想、预期、目标等情况；负偏差的波动，则是指低于理想、预期、目标等状况。

具体地，考察波动、变乱、不确定等情况，不仅需要关注偏差的方向，还需要关注偏差的大小。对于较小的偏差，若处于人们可接受的范围，就会被大致当成具有可预见性；反之，对于较大的偏差，若超出人们可接受的范围，就意味着具有不可预见性。

偏差的大小，从可接受到不可接受，意味着企业决策环境的变乱程度，从可预见发展到不可预见，这其中涉及连续渐变的过渡过程，量变累积成质变，相对稳定到波动不确定。构建动态战略的困难在于，对此变乱过程，怎么保持敏变？依据什么做出应对？

有时，偏差的大小一样，只是方向不同，其所造成的影响就迥异。例如，从企业初心“活着”看，正偏差活好、活久，为常人所期盼，而负偏差疾病、死亡，为常人所不愿。相对于目标来说，实际结果若超过了，皆大欢喜；若没达成，一般不大乐意。

另有时，偏差的大小及方向，共同决定了波动性的后果影响。例如，对于交货期，以偏差小为佳；对于盈利目标，正偏差越大越好，负偏差越大越糟。从对企业活着的影响看，只要正常盈利，多与少，关系不大；而出现亏损，数额太大，易致企业关张。

这样，结合企业实力做综合考量，面临变乱、波动所导致的不确定，在战略决策中，只要所做事情的最终后果是可承受的，也就是不管怎么做，都不会影响到企业的活着，那么就是可以尝试的，否则就绝对不能贸然介入，这就是变乱决策的底线原则。

万变归宗

从动态战略的过程来看，变乱、波动、不确定、不可预见等，既是因也是果。作为原因，若企业当前应对不当，会对未来发展产生影响；作为结果，若企业此前考虑不周，会使当下生存受到冲击。对于作为因的变乱与作为果的变乱，决策时需区别对待。

变乱本质

就作为因的变乱来说，波动或偏差的大小对企业活得久，可能具有非线性的影响。这意味着，小波动，对企业有小影响；大波动，对企业有大影响，而且其影响程度存在着放大效应。例如，小折腾不断，或无碍企业生存，而一次大危机，可使企业致命。

就作为果的变乱来说，波动或偏差的方向对企业活得久，可能具有不对称的作用。这意味着，偏差的特定方向变化，对企业的生存，可能更具显著影响。例如，对企业的持续正面报道，不一定能确保企业活得久，但一次严重丑闻，就极易致企业关门。

对于影响的非线性，企业在采取各种战略举措乃至日常调控时，需特别注意管理适度，以做到恰到好处，毋太过，毋不及。对于后果的不对称，企业在考虑各种项目的潜在效益与可能风险时，需特别关注趋利避害，以规避致命打击，迎接意外惊喜。

影响非线性所要求的适度管理，是对线性思维的一种反思。基于线性思维，如果觉得有必要追求增长、扩大产能、加强制度、增加研发等，就会惯性地认为，一直这样做都是有益的，而非线性思维，要求时刻注意情况的变化，思考做到什么程度更合适。

后果不对称所要求的趋利避害，是对连续思维的一种反思。基于连续思维，通常会比较关注变乱事件的概率、时机、走向等要素细节，试图以此构想最佳做法，而不对称思维，聚焦于变乱事件的稀有后果，考察后果的极端程度、影响大小、能否承受。

综合运用非线性与不对称的思想方法，就有可能将复杂模糊的无常乱局，也即不确定波动，简化为适度管理的“度”与趋利避害的“利”与“害”。在这里，“度”指的就是适当战略举措的点或范围，“利”与“害”表示变乱事件的极端稀有后果。

波动之极

面对不确定情况，考虑利与害，只需考察极端后果。例如，对于宗教信仰，如果人们心中觉得不确定，只需考虑信或不信的极端后果，就可清楚怎么做更稳妥了。显然，信有超升天堂之喜，不信有坠入地狱之忧，若按底线原则，自然选择信更保险。

以上这种对于宗教信仰的考量，由 17 世纪哲学家兼数学家布莱士·帕斯卡提出，但有人对此提出质疑，现实中有多种宗教存在，如果都看不清，此时又该怎么办？还有人甚至提出，若真看不清，享受当下，可能人生更快乐。看来，决策取舍难题仍待解。

动态战略的敏变，需把握好适度管理的“度”，而反脆则需学会辨识趋利避害的“利”与“害”。比方说，一个项目投下去，成功了会有大回报，可无比荣耀，这看起来不错，但是光有这个“利”的判断并不够，还要看万一失败了会怎样，可能有啥“害”。

例如，市场竞争，有人主张出奇制胜。但若仔细思考，出奇制胜，什么情况下更易见效？是人家防着时，还是不设防时？谁会更不设防些？是信任你的人，还是怀疑你的人？谁更可能信任你？是朋友，还是敌人？最终可能发现，出奇最易胜的是朋友。

对朋友出奇，最易见效，但这种损招，只要用一次，接着就很难再在圈子中混了。如此看来，出奇制胜似乎不能重复用，先要设法与人为善，最终取得别人信任，然后再在人家不设防的情况下，突然发难，而后就得隐姓埋名，或另觅他处再故伎重演。

实际上，若将出奇制胜分为两类：一是“利”人的意外惊喜，二是“害”人的致命打击。显然，利人之奇有长效，害人之奇行不久。比方说，依赖企业自身实力与努力，通过创新提供超越顾客预期的增值，就可在更好满足顾客的同时，提升企业品牌信誉。

化繁为简

对于企业有机体的“活着”过程，不同的经营者可能会有不同的目标或结果追求。例如，有人追求当下活得精彩，有人追求终极理想信仰，还有人希望“活得健康快乐，死得干净利落”。对于不确定，即使喜欢冒险、刺激，仍需考虑自身的承受底线。

借鉴塔勒布 *Antifragile*（中译本《反脆弱》）的思想，面对不确定环境，战略分析不看事件的发生概率、时机对错、变异走向，而看可能出现的稀有后果的极端程度、影响大小、能否承受。只要最坏的后果可以接受，其他都可凭决策者主观裁决。

参照以上对于宗教信仰的讨论，如果将类似“进天堂”与“下地狱”的稀有情况，就当成是极端的“利”与“害”，那么，就可借此对不确定情况下的馅饼与陷阱，做这样的定义：成有极大利，败可承受，可称馅饼；败有极大害，不管利否，均称陷阱。

举例来说，若企业最多只能承受 2 亿元损失，那么按极端后果评估，一个项目，若成功最多赚 1 亿元，失败却会亏 5 亿元，就可看成陷阱；若成功最多赚 10 亿元，失败最多亏 1 亿元，就可看成馅饼；若失败亏 5 亿元，即使成功赚 50 亿元，也仍应看成陷阱。

在这里，只要失败不可承受，则无论成功回报有多高，此类项目就当陷阱，需按照坚守底线的原则，加以谨慎规避。如果有项目，回报实在太诱人，只是万一失败，单一企业无法承受，此时或许可以多找些合作伙伴，共同承担，就能将其从陷阱转变成馅饼。

这样应对变乱情况，企业动态战略只需认清自身实力，就可根据事件的极端“利”与“害”的状况，结合万一失败能否承受失败的考量，对各种事件做出判定，到底是属于馅饼，还是属于陷阱。从而为创找馅饼提供方案备选，为规避陷阱提供操作指南。

管理适度

现实中，面对不确定，衡量“馅饼”要看两条：一是成功了会特别有利，甚至有可能达到稀有极端的有利程度；二是失败能承受，这种能承受，不仅指经济上，还需考虑心理上愿接受，甚至是乐于接受。而衡量“陷阱”只看一条，万一失败，会无法承受。

比方说，企业考虑产能投资，考虑研发项目，考虑市场开拓，只要在企业实力可承受范围之内，即使失败也无碍于正常生存与发展，而成功了却有大的益处。这就意味着，此类项目其后果的波动，具有向上的单边性，可看作是“馅饼”，用于战略备选。

考虑到存在着变乱不确定，对于“馅饼”，企业必须时刻把握好其中的“度”，要防止过犹不及。例如，想抓住更多的“馅饼”机会，进行高杠杆、高配资的投资，结果在无意中突破了自身实力可承受的边界，将可能的“馅饼”变成了潜在的“陷阱”。

在本书的第一篇哲思战略中，讨论了正反命题论证方法，从活与死两个角度，给出了战略关键要素定义：做了必活称“馅饼”，缺之必死称“保障”，做了必死称“陷阱”，缺之必活称“魔障”。基于变乱不确定环境，还需特别留心这些要素的动态转换。

注意到，在一定时期内，任何企业的资源与能力都是有限的，不可能同时承担太多的不确定风险。所以，基于“馅饼、保障、陷阱、魔障”等要素的相互转换，提出战略行动对策，要特别注意管理适“度”，这就是通常所说的“运用之妙，存乎一心”。

例如，对于陷阱，只看向下波动是否可承受，而不看向上波动有多诱人。特别注意，不确定情况下，不能按过去推未来，无法押宝概率有多大、时机多重要、获利多可观，就只看万一发生极端稀有后果，对企业经营的影响程度，到底能否以及愿否承受。

选择反脆

变乱，波动，不确定，不可预见，在揭示环境看不清的客观事实的同时，对于企业战略决策来说，也意味着未来有着无限的可能性。面对不确定所带来的无限可能，尽管企业不能主导变乱，但却仍有可能掌握主动权，这就是选择反脆，而不是听天由命。

选择反脆，应对不确定变乱环境，可适当多储备些“馅饼”，但必须坚守底线，在企业资源实力可承受范围之内进行，以规避各种可能的“陷阱”；做好“保障”，但要管理适“度”，防止掉入线性思维，刻意过分强化，将“保障”渐变成了“魔障”。

坚守底线

从变乱、不确定可能给人们带来的压力看，主要是由于看不清未来，而潜在的负偏差影响重大，有时甚至会远超企业的承受能力。比方说，搞不好就可能受拖累进监狱或下地狱，这样的情况，对于决策者来说，无疑会感受到心身的纠结抓狂，很是无奈。

这意味着，除了平常所说的患得患失考虑，变乱引发的不确定波动，真正让人担忧的是其中可能潜藏的致命打击，即深度的向下波动性。例如，利用余钱小额买彩票，一般人们不会太操心；而一旦涉及大投资决策，失败输不起，就会让人忧心睡不着。

纠结担忧的本质是向下波动性，其根源不在不确定，而在后果严重性。因此，应对变乱、波动，动态战略需不忘初心，以活着为基点，再考虑活好、活久，为防被深度向下波动性击垮，需坚守底线，规避此类陷阱，如此才有资源与精力，专心抓关键。

变乱中坚守底线，不一定会保证极端成功，却可避免极端失败。为做到这一点，不能仅凭直觉本能，需加强理性修炼。例如，看到市场爆发性增长，本能反应就会觉得，这是赚钱机会，不抓住十分可惜；此时若发现产能不足，就会想扩大，甚至大扩张。

一旦想着大扩张，若发现企业的自有资金积累不够，可能就会想银行贷款，甚至民间高息融资。如此线性思维，极易忽略万一突发需求不持续，万一同行都这样做，结果会怎样。作为理性分析，需有底线思维，应先考虑万一项目失败，企业能否承受。

具体地，面对不确定的未来，例如，高息负债扩大产能，高杠杆配资炒股，赢得起而输不起的生意，市场一有震荡波动，易致倾家荡产，就可看作是陷阱；而积德行善，加强研发，留住人才，提升涵养，改善能力，冗余储备，这些都可当作是馅饼。

稳健经营

面对不确定，不忘初心“活着”，只要坚守底线，做到“不死”，或者按照一般的表述，就是规避了不能或不愿承受的“陷阱”，那么企业经营也就可能认为是稳健了。作为进一步考虑，就是适当多创找馅饼，做好保障，清除魔障，以利企业活得久。

选择反脆的根本指导思想，就是抓关键、守底线，利用不确定中隐藏的不对称，开放向上波动空间，封堵向下波动幅度，以免可能触及不能或不愿承受之底线。如此可做到，不仅不受不确定的伤害，而且还能从不确定性中受益，甚至做到变乱越甚越得益。

例如，创业，创新，投资新兴业态，此前没有做过，同行竞争非常激烈，不知道项目最终能否存活，更不要说活好、活久了，此时什么概率、收益、时机等评估，实在看不清、道不明，怎么办？就如创投所做的，只要实力能承受，可适当分散多投些。

在坚守底线的基础上，以适当多元化应对不确定，这就要求企业多些冗余储备，以备不时之需，而不能高负债，以免经受不起不确定的折腾。在这里，谈创新，谈冒险，底线就是只冒输得起的险，也即针对不对称波动，可冒馅饼型的险，绝不冒陷阱型的险。

具体地，馅饼型的工作核心在价值创造，以保顾客得益，企业获利，一切符合这些特征的事项，只要力所能及，就可适当多做，如利他、研发、技改、德修等。而陷阱型的事项，多涉长期安全与活力受损的情况，如短贷长投、高息集资、高比例佣金等。

对于“保障”，如合规、安全、信誉、资本金充足率，还有适当的库存、产能、管理等，从长期看，几乎都是缺之必死的要素。当然，对这其中有些要素，一旦做得过了头，变成了过度的库存、产能、管理，无意中可能就会使“保障”退化为“魔障”。

波动应对

在不确定情境中，行业兴衰轮替、市场供求波动是常态，此时，考虑管理适度，为持续发展，即保持长期经营效率或市场竞争力，应少做短期的随波逐流响应，也就是需主动放弃一些瞬发的机会，保持适当的抗风险冗余储备，这是一种有效的生存之道。

设想一下这样的情况，企业的产品市场存在着需求不确定，会出现不可预见的峰谷涨落，若企业的产品具有特色，能够一定程度上抵御同业竞争，那么在考虑企业的产能定位时，到底该按什么水准考虑？希望满足波峰需求，波谷需求，还是平均需求？

注意到，这里提到的是不确定波动，未来态势看不清，此时企业若能抗拒波峰诱惑，以波谷定位产能，表面上看可能会有缺货损失，实际上却可防止为抓波峰而穷尽资源，避免波谷时出现产能严重过剩，这样，就能在无形中提升企业经受波动的竞争力。

事实上，如果波动不可预见，也就无法事先精密计划或准确把握其可能的变动方向，企业越是采取太过快速响应的做法，就越可能加剧系统的振荡，此时企业更合适的做法，就是以不变应万变，注意步步为营，做好当下工作，保持企业产能的相对稀缺性。

更有意思的是，企业保持产能相对稀缺，这样所放弃的那部分波峰需求，可能正好成为同行企业的扩张诱惑，使其在波峰时产能扩张过度，而在波谷时受产能过剩拖累，结果导致经营风险放大。这意味着，应对市场峰谷涨落的挑战，需拒诱惑守底线！

一般地，面对不确定未来，需要克制太过急功近利的本能冲动，更多地采取步步为营、稳扎稳打的战略措施：加强自律，面对诱惑不冒进，遭遇逆境不放弃；持之以恒，不断改进，专注基于经验积累的创新突破，讲求实效不虚浮，可葆企业永续经营。

战略大成

总体看，围绕企业“活着/不死”目标，战略行动就两招：一是对症下药抓关键，二是防患未然守底线。具体地，不同的企业，不同的情境，不同的定位，可有不同的做法。企业战略需把握好其中的“度”，做好不对称选择，决定“做与不做什么”。

战略就是抓关键，守底线，为此必须熟悉情况，理清头绪，知道什么是必须抓好的关键，如馅饼与保障；明确什么是不可逾越的底线，如陷阱与魔障。让组织中最了解情况与最能对结果负责的人，如贴近一线的前沿工作者，能对企业战略有决策参与权。

看得清环境时，战略或可做规划，先瞄准，再射击；看不清环境时，战略只能边干边学，先射击，再瞄准。还有人甚至认为，生命有机体，过程就是目标，面对无常乱局，若能去除思维定势，不再太过刻意，就可即兴随缘，打中哪里就将哪里当“目标”。

目标就是无目标，有所行动即战略。人生可持续，需细水长流。例如，的士司机每天出车，是不管生意好差，赚到差不多数额就收工？还是生意好时多赚晚收工，生意差时少赚早收工？为了应对生意不确定，哪种做法的收入更稳定些？工作与休息更易兼顾？

面对不确定市场，考虑到人的精力与体力有限，企业的产能与资源有限，必须步步为营，景况特别好时，需有自律精神，不冒进；景况特别差时，需有毅力坚持，不松懈。如此才有可能做到，为顾客提供可靠的产品或服务，确保企业有稳定的净现金流。

就如一位美发师傅所做的，每天只接受预约做几个头发，优质高价，做完后就收工，从不加班加点。有人问，“为什么不多做？”他回答说，“这样每天有酒有肉有小菜，生活很舒坦，为什么要多做？”试想一下，若真多做些，健康作息安排是否易打乱？

关于企业发展，到底做多大规模？是保持产能稀缺，还是略有冗余过剩好？这不仅要考虑企业定位，还要看产能多少对顾客的影响。有时故意稀缺，顾客更喜欢，比方说，顶级奢侈品；有时需要不断出新，少量、多款、平价，比方说，大众时尚服装。

还有些受制于客观规律，不可能大量生产或者必须大量生产。例如，稀缺自然资源，故意自限产能，以维持产品高价，实现可持续盈利。再如，水、电、气、网络、国防、治安、防灾等，必须有过剩产能作为系统冗余储备，以满足运行安全与应急响应所需。

对于许多不能或者很难储备的即时服务，如餐饮、电力、医疗、客运等，如果保持太多的冗余能力，可能会不经济。此时为缓冲因需求波动而导致的供求失衡矛盾，可采取加强需求侧管理的做法，例如，交通的错峰出行，电力的峰谷分时与总量阶梯价格等。

对于生产型企业来说，如果实行近乎零库存的高效率供应链管理模式，那么对于市场需求波动的峰值需求就应该舍弃；如果企业希望抓住峰值需求，那么供应链管理模式就不应该追求缺少缓冲库存或冗余产能的高效率。这里涉及战略取舍关系，难兼容。

考虑到行业可能存在竞争趋同，从而引发群体非理性。例如，政府出台各种优惠政策，积极引导推动产业发展，可能就会吸引许多企业介入。此时，企业战略需思考，随着众多企业的进入，若出现行业产能过剩，再加政府优惠政策取消，是否仍能生存？

战略与人生思考，需顺应天道，修炼本能易忽略而理性正需要的个人习性与组织惯例，让人更具创意与雅量，对馅饼开放，对陷阱免疫，少进医院与法院，绝不将自己或企业做进监狱或地狱。如此修禅悟道，远观静思，企业战略决策，自有无穷奥妙……

附录

——企业战略决策精髓小结

战略决策核心

——战略影响要素与行动对策剖析

企业根本使命：不忘初心“活着/不死”

	正命题：活	**反命题：死**
影响要素	**关键**：怎么才能活？ **馅饼**：有之则必“活” **保障**：无之必“不活”[死]	**底线**：怎么才不死？ **陷阱**：有之则必“死” **魔障**：无之必“不死”[活]
行动对策	**抓关键**：有所为，加法！ ——**创找**馅饼、**加强**保障！	**守底线**：有所不为，减法！ ——**规避**陷阱、**清除**魔障！

现实挑战：认清态势，学习、践行，眼光、洞察力、感悟力……

如何界定、识别**战略要素**——馅饼与陷阱、保障与魔障？

特别地，当要素性质不清甚至相互交织时，怎么办？

如何实现要素转换，如化陷阱为馅饼，以使企业活着/不死？

战略哲思逻辑

正反命题：活vs死 ➔ **战略**：决定兴衰存亡的**影响要素**
vs应对生存挑战的**行动对策**

➔ **了解情况**：学会提问、实践探索

观察倾听　反馈改进

两仪招法：抓关键，守底线

三大出路：特色、取舍、组合

四级修炼：自我、领导、圣人、厚德

战略人生境界

——战略行思与涵养修炼方法：问题与解答

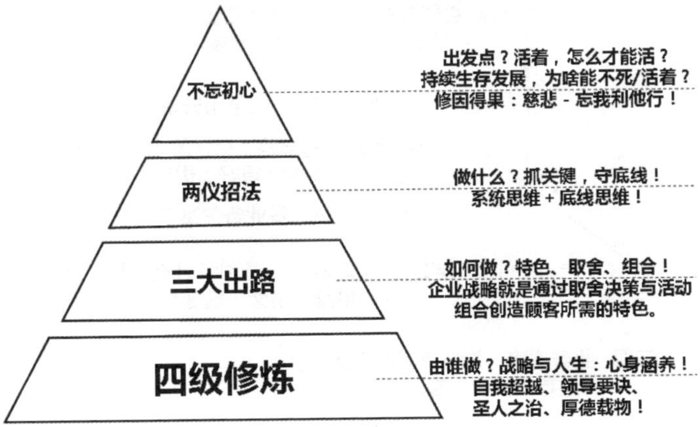

战略内容框架

第一篇 哲思战略：怎么**才能活**？

不忘初心 活着		**两仪招法：系统思维＋底线思维** **抓关键：**活力、繁荣、适应… **守底线：**健康、安全、不死…	**现实应对：过程展开** （第 2～4篇内容）
三大出路	**特色**	**生存**：**专注**顾客vs变异**创新**	**第二篇 业务战略**：为啥有**回报**？ 优势、创造、实力、保持
	取舍	**发展**：积极**进取**vs**知止**不殆	**第三篇 公司战略**：**有钱**怎么办？ 挑战、途径、传承、归核
	组合	**持续**：开放**敏变**vs冗余**反脆**	**第四篇 动态战略**：**永续**凭什么？ 生态、竞合、辨乱、处变
四级修炼		**战略与人生**：心身涵养——自我、领导、圣人、厚德	

四维战略关系

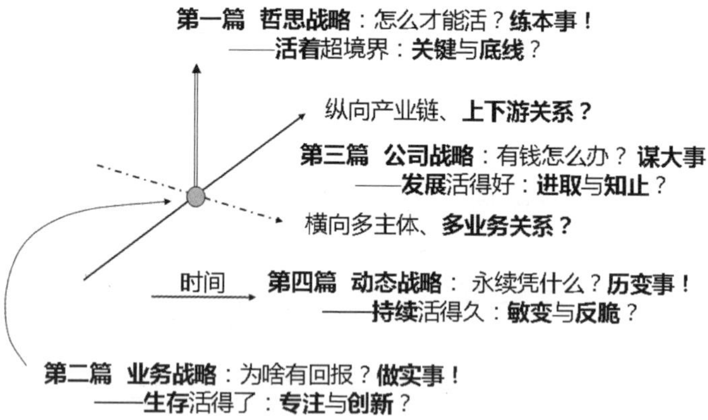

战略实践技法

——战略分析、形成、实施与反馈等循环过程诊断

1. 背景介绍：三问题？

现状-是什么？
目标-应该是什么？
差距-为什么？

为了什么？
理想：宗旨、愿景、信念？
因为什么？
依据：环境、实力、激情？

2. 战略分析：三假设？

环境-社会、行业、顾客
实力-资源、能力、信誉
使命-制度、文化、惯例

反馈

3. 战略提出：三出路？

特色：专注顾客创新观，**活得了**
取舍：进取知止价值观，**活得好**
组合：敏变反脆生态观，**活得久**

4. 战略行动：怎么走？

互惠、人和、可行
忘我利他、三活三做
目标**共识**、成果**共享**、协同**共事**

战略实践技法

——以顾客为中心业务流程诊断

顾客何在？需求特征？服务流程？关键环节？

通过顾客与流程分析，发现其中的**瓶颈环节与关键要素**，提出**改进对策。**

1. **顾客分类**的依据是什么？如此分类是出于企业内部管理的需要，还是为了向顾客提供更好、更快的产品或服务？

2. **以顾客为中心**是否**落实到每个职能部门、每个岗位、每个员工、每个业务流程的各个环节**？试着回答以下问题：

① **什么产品或服务最重要**？购买该产品或服务的**最重要顾客**是谁？与同行相比，企业最重要产品或服务的**当前及潜在竞争力**如何？

② **最重要的顾客**所关注的产品或服务的**最重要特征**是什么？**单客购买量或销售额**可否提升？怎样对这些特征进行有效评估？能否提供有关**当前及潜在**最重要**顾客意见的可靠数据**而不是仅凭主观猜测？

③ 是否有针对性地制订了提升最重要顾客**满意度的计划**？是否采取了能够发现与满足现有顾客**潜在需求**以及**潜在顾客**可能需求的措施？

3. 如何识别并消除对顾客无意义或无价值的活动流程？怎样**为最重要顾客提供更高性价比的可靠产品或服务**？

战略实践技法

——组织核心价值观体系及其匹配性诊断

多属性冲突、长短期关系等处理原则？

1. 使命陈述：组织存在的根本意义与追求。
2. 绩效标准：组织使命达成度的评估指标。
3. 行为表现：希望组织成员应采取的行动。

问题：组织核心价值观体系匹配性诊断涉及**使命观、绩效观、行为观及其相互关系**的剖析，如做事活动流程排序，组织生存、发展、持续的关系，顾客、员工、股东、社会多方利益冲突的协调等。请给出你所在组织的使命、绩效、行为描述，说明实际运行中是否存在着相互不匹配的情况。

关键：当组织价值观体系出现使命观、绩效观、行为观内在**不一致或不匹配**情况时，**应遵循怎样的轻重缓急原则来加以调适处理**？以使核心价值观成为指导组织持续生存发展的灵魂，使组织整体的共识、共事、共享机制能够有效运作。

战略实践技法

——经营生态（企业内外部互动关系）诊断

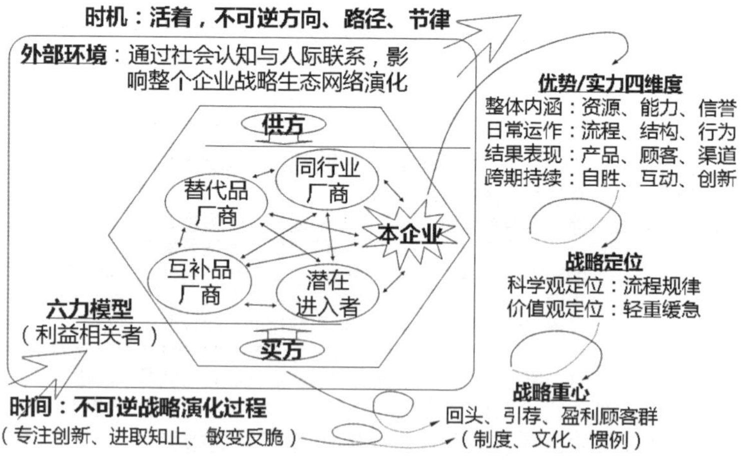

战略决策指南

修禅悟道品战略 - 创意涌现，
远观静思漫决策 - 水到渠成！

弘一法师：缓事急做，急事缓做！
苏东坡：日高人渴漫思茶，敲门试问野人家。
老子：天之道，不争而善胜，不言而善应，不召而自来，繟然而善谋。

战略与人生：胜人者有力，**自胜**者强！
先为**不可胜**，以待敌之**可胜。**

活着：怎么才能活？**关键**与**底线**？
生存：为啥有回报？**专注**与**创新**？
发展：有钱怎么办？**进取**与**知止**？
持续：永续凭什么？**敏变**与**反脆**？

战略决策流程

——四维战略指导下的企业战略制定工作步骤

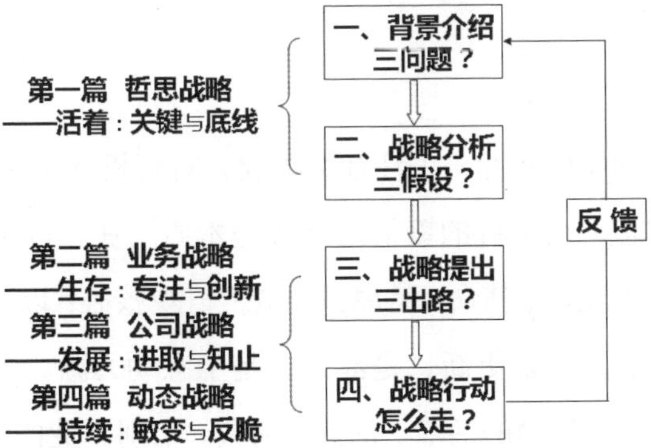

企业**战略**就是通过**取舍**决策与活动**组合**创造顾客所需之**特色**！

尾声

——寻求偶然之必然

基于生物学的视角，关注社会演化，对有机体来说，个体的生灭过程是常态，而种群的繁衍延续才是本质所在。以企业为本位，追求活着是本能、是使命、是愿景、是价值观核心；以产业为本位，企业兴替是必然、是更新、是活力、是生态动力源。

显然，个体生命的活着、活好、活久，个别企业的生存、发展、持续，对于整个生物种群的活力、昌盛、繁衍，可能并不一定有助益。例如，伴随着科技的发展，个体的期望寿命提升，引发了人类整体的老龄化，对年轻一辈来说，就不啻是一种挑战。

对于企业来说，追求持续盈利发展，这并没有错，但单一企业的大到不能死，对于业态整体的演化，或并非幸事。例如，垄断的巨无霸企业，在不经意间，更可能凭借长期累积的影响力，扼杀组织内外的创新思想，挤压产业新兴力量的生存空间。

企业有机体的兴衰更替，不以少数个人的意志为转移，诚如德鲁克所言："没有一条法则说一家公司必须永远存在。相反，有一条法则说人所创造的每样东西都会消亡。一家公司保持成功 25 年就已经很了不起了。企业的不朽是华尔街的神话。"

受企业家个人生命长度所限，要想达成企业经营的永续，必须解决代际传承的问题。从逻辑上说，只要能够确保企业核心价值观与整体活力的跨代更替，作为一个有机组织，企业整体的生存还是有可能做到，超越其中个体的寿命，甚至实现基业长青的。

从现实来看，个别企业存在着基业长青的可能，并不等同于所有企业都能持久存活。美国圣塔菲（Santa Fe）研究所的研究表明，无论所属行业、现有的声望及存活期如何，上市公司因并购、破产等而消亡的速度完全相同，其半衰期大约为 10 年。

作为生命过程，活着，短暂偶然，死亡，长久必然。这种说法，看似无奈与宿命，却道出了实情。从个体与组织、局部与整体的关系看，诚如塔勒布 *Antifragile*（中译本《反脆弱》）一书所言，或许正是个体局部的易朽，才换得组织整体的活力。

现实中，少见长寿公司，多见速朽企业。短期看，尽管会有凭资源禀赋、一时机遇、特定环境等要素而活泛的企业；长期看，仅靠这些偶然要素难保企业持续生存。企业战略决策，追求持续生存发展，希望化偶然活着为长期必然，这似乎有点逆势而动。

逆势而动，要靠后天勤修，须时刻警醒，多忘我利他，珍惜活着偶然，寻求其中必然，且行且思且变。随本书探索这一有趣的挑战过程，若能真正参透企业生死存亡之活法，当可感受不经意间所收获的内心充实，则无论永续经营的理想最终能否实现，企业与人生的战略决策，定会多些从容、淡定与喜乐！

项保华

2015 年第 1 版定稿

2021 年 10 月第 2 版定稿

（全书完）